U0925924

中国佛学经典宝藏

43

业露华 释译

星云大师总监修

人民东方出版传媒
東方出版社

总序

星云

自读首楞严，从此不尝人间糟糠味；
认识华严经，方知已是佛法富贵人。

诚然，佛教三藏十二部经有如暗夜之灯炬、苦海之宝筏，为人生带来光明与幸福，古德这首诗偈可说一语道尽行者阅藏慕道、顶戴感恩的心情！可惜佛教经典因为卷帙浩瀚、古文艰涩，常使忙碌的现代人有义理远隔、望而生畏之憾，因此多少年来，我一直想编纂一套白话佛典，以使法雨均沾，普利十方。

一九九一年，这个心愿总算有了眉目。是年，佛光山在中国大陆广州市召开“白话佛经编纂会议”，将该套丛书定名为《中国佛教经典宝藏》①。后来几经集思广

① 编者注:《中国佛教经典宝藏》丛书，大陆出版时改为《中国佛学经典宝藏》丛书。

益，大家决定其所呈现的风格应该具备下列四项要点：

一、启发思想：全套《中国佛教经典宝藏》共计百余册，依大乘、小乘、禅、净、密等性质编号排序，所选经典均具三点特色：

1. 历史意义的深远性
2. 中国文化的影响性
3. 人间佛教的理念性

二、通顺易懂：每册书均设有原典、注释、译文等单元，其中文句铺排力求流畅通顺，遣词用字力求深入浅出，期使读者能一目了然，契入妙谛。

三、文简意赅：以专章解析每部经的全貌，并且搜罗重要的章句，介绍该经的精神所在，俾使读者对每部经义都能透彻了解，并且免于以偏概全之谬误。

四、雅俗共赏：《中国佛教经典宝藏》虽是白话佛典，但亦兼具通俗文艺与学术价值，以达到雅俗共赏、三根普被的效果，所以每册书均以题解、源流、解说等章节，阐述经文的时代背景、影响价值及在佛教历史和思想演变上的地位角色。

兹值佛光山开山三十周年，诸方贤圣齐来庆祝，历经五载、集二百余人心血结晶的百余册《中国佛教经典宝藏》也于此时隆重推出，可谓意义非凡，论其成就，则有四点可与大家共同分享：

一、佛教史上的开创之举：民国以来的白话佛经翻译虽然很多，但都是法师或居士个人的开示讲稿或零星的研究心得，由于缺乏整体性的计划，读者也不易窥探佛法之堂奥。有鉴于此，《中国佛教经典宝藏》丛书突破窠臼，将古来经律论中之重要著作，做有系统的整理，为佛典翻译史写下新页！

二、杰出学者的集体创作：《中国佛教经典宝藏》丛书结合中国大陆北京、南京各地名校的百位教授、学者通力撰稿，其中博士学位者占百分之八十，其他均拥有硕士学位，在当今出版界各种读物中难得一见。

三、两岸佛学的交流互动：《中国佛教经典宝藏》撰述大部分由大陆饱学能文之教授负责，并搜录台湾教界大德和居士们的论著，借此衔接两岸佛学，使有互动的因缘。编审部分则由台湾和大陆学有专精之学者从事，不仅对中国大陆研究佛学风气具有带动启发之作用，对于台海两岸佛学交流更是帮助良多。

四、白话佛典的精华集萃：《中国佛教经典宝藏》将佛典里具有思想性、启发性、教育性、人间性的章节做重点式的集萃整理，有别于坊间一般“照本翻译”的白话佛典，使读者能充分享受“深入经藏，智慧如海”的法喜。

今《中国佛教经典宝藏》付梓在即，吾欣然为之作序，并借此感谢慈惠、依空等人百忙之中，指导编修；吉广舆等人奔走两岸，穿针引线；以及王志远、赖永海等大陆教授的辛勤撰述；刘国香、陈慧剑等台湾学者的周详审核；满济、永应等“宝藏小组”人员的汇编印行。他们的同心协力，使得这项伟大的事业得以不负众望，功竟圆成！

《中国佛教经典宝藏》虽说是大家精心擘划、全力以赴的巨作，但经义深邈，实难尽备；法海浩瀚，亦恐有遗珠之憾；加以时代之动乱，文化之激荡，学者教授于契合佛心，或有差距之处。凡此失漏必然甚多，星云谨以愚诚，祈求诸方大德不吝指正，是所至祷。

一九九六年五月十六日于佛光山

原版序
敲门处处有人应

慈惠

《中国佛教经典宝藏》是佛光山继《佛光大藏经》之后，推展人间佛教的百册丛书，以将传统《大藏经》精华化、白话化、现代化为宗旨，力求佛经宝藏再现今世，以通俗亲切的面貌，温渥现代人的心灵。

佛光山开山三十年以来，家师星云上人致力推展人间佛教，不遗余力，各种文化、教育事业蓬勃创办，全世界弘法度化之道场应机兴建，蔚为中国现代佛教之新气象。这一套白话精华大藏经，亦是大师弘教传法的深心悲愿之一。从开始构想、擘划到广州会议落实，无不出自大师高瞻远瞩之眼光，从逐年组稿到编辑出版，幸赖大师无限关注支持，乃有这一套现代白话之大藏经问世。

这是一套多层次、多角度、全方位反映传统佛教文化的丛书，取其精华，舍其艰涩，希望既能将《大藏经》

深睿的奥义妙法再现今世，也能为现代人提供学佛求法的方便舟筏。我们祈望《中国佛教经典宝藏》具有四种功用：

一、是传统佛典的精华书

中国佛教典籍汗牛充栋，一套《大藏经》就有九千余卷，穷年皓首都研读不完，无从赈济现代人的枯槁心灵。《宝藏》希望是一滴浓缩的法水，既不失《大藏经》的法味，又能有稍浸即润的方便，所以选择了取精用弘的摘引方式，以舍弃庞杂的枝节。由于执笔学者各有不同的取舍角度，其间难免有所缺失，谨请十方仁者鉴谅。

二、是深入浅出的工具书

现代人离古愈远，愈缺乏解读古籍的能力，往往视《大藏经》为艰涩难懂之天书，明知其中有汪洋浩瀚之生命智慧，亦只能望洋兴叹，欲渡无舟。《宝藏》希望是一艘现代化的舟筏，以通俗浅显的白话文字，提供读者遨游佛法义海的工具。应邀执笔的学者虽然多具佛学素养，但大陆对白话写作之领会角度不同，表达方式与台湾有相当差距，造成编写过程中对深厚佛学素养与流畅白话语言不易兼顾的困扰，两全为难。

三、是学佛入门的指引书

佛教经典有八万四千法门，门门可以深入，门门是无限宽广的证悟途径，可惜缺乏大众化的入门导览，不易寻觅捷径。《宝藏》希望是一支指引方向的路标，协助十方大众深入经藏，从先贤的智慧中汲取养分，成就无上的人生福泽。

四、是解深入密的参考书

佛陀遗教不仅是亚洲人民的精神归依，也是世界众生的心灵宝藏。可惜经文古奥，缺乏现代化传播，一旦庞大经藏沦为学术研究之训诂工具，佛教如何能扎根于民间？如何普济僧俗两众？我们希望《宝藏》是百粒芥子，稍稍显现一些须弥山的法相，使读者由浅入深，略窥三昧法要。各书对经藏之解读诠释角度或有不足，我们开拓白话经藏的心意却是虔诚的，若能引领读者进一步深研三藏教理，则是我们的衷心微愿。

大陆版序一

楼宇烈

《中国佛教经典宝藏》是一套对主要佛教经典进行精选、注译、经义阐释、源流梳理、学术价值分析，并把它们翻译成现代白话文的大型佛学丛书，成书于二十世纪九十年代，由台湾佛光文化事业有限公司出版，星云大师担任总监修，由大陆的杜继文、方立天以及台湾的星云大师、圣严法师等两岸百余位知名学者、法师共同编撰完成。十几年来，这套丛书在两岸的学术界和佛教界产生了巨大的影响，对研究、弘扬作为中国传统文化重要组成部分的佛教文化，推动两岸的文化学术交流发挥了十分重要的作用。

《中国佛学经典宝藏》则是《中国佛教经典宝藏》的简体字修订版。之所以要出版这套丛书，主要基于以下的考虑：

首先，佛教有三藏十二部经、八万四千法门，典籍浩瀚，博大精深，即便是专业研究者，穷其一生之精力，恐也难阅尽所有经典，因此之故，有“精选”之举。

其次，佛教源于印度，汉传佛教的经论多译自梵语；加之，代有译人，版本众多，或随音，或意译，同一经文，往往表述各异。究竟哪一种版本更契合读者根机？哪一个注疏对读者理解经论大意更有助益？编撰者除了标明所依据版本外，对各部经论之版本和注疏源流也进行了系统的梳理。

再次，佛典名相繁复，义理艰深，即便识得其文其字，文字背后的义理，诚非一望便知。为此，注译者特地对诸多冷僻文字和艰涩名相，进行了力所能及的注解和阐析，并把所选经文全部翻译成现代汉语。希望这些注译，能成为修习者得月之手指、渡河之舟楫。

最后，研习经论，旨在借教悟宗、识义得意。为了将其思想义理和现当代价值揭示出来，编撰者对各部经论的篇章品目、思想脉络、义理蕴涵、学术价值等所做的发掘和剖析，真可谓殚精竭虑、苦心孤诣！当然，佛理幽深，欲入其堂奥、得其真义，诚非易事！我们不敢奢求对于各部经论的解读都能鞭辟入里，字字珠玑，但希望能对读者的理解经义有所启迪！

习近平主席最近指出：“佛教产生于古代印度，但传入中国后，经过长期演化，佛教同中国儒家文化和道家文化融合发展，最终形成了具有中国特色的佛教文化，给中国人的宗教信仰、哲学观念、文学艺术、礼仪习俗等留下了深刻影响。”如何去研究、传承和弘扬优秀佛教文化，是摆在我们面前的一个重要课题，人民东方出版传媒有限公司拟对繁体字版的《中国佛教经典宝藏》进行修订，并出版简体字版的《中国佛学经典宝藏》，随喜赞叹，寥寄数语，以叙因缘，是为序。

二〇一六年春于南京大学

大陆版序二

依空

身材高大、肤色白皙、擅长军事的亚利安人，在公元前四千五百多年从中亚攻入西北印度，把当地土著征服之后，为了彻底统治这里的人民，建立了牢不可破的种姓制度，创造了无数的神祇，主要有创造神梵天、破坏神湿婆、保护神毗婆奴。人们的祸福由梵天决定，为了取悦梵天大神，需要透过婆罗门来沟通，因为他们是从梵天的口舌之中生出，懂得梵天的语言——繁复深奥的梵文，婆罗门阶级是宗教祭祀师，负责教育，更掌控了神与人之间往来的话语权。四种姓中最重要的是刹帝利，举凡国家的政治、经济、军事、文化等等都由他们实际操作，属贵族阶级，由梵天的胸部生出。吠舍则是士农工商的平民百姓，由梵天的膝盖以上生出。首陀罗则是被踩在梵天脚下的土著。前三者可以轮回，纵然几世轮转都无法脱离原来种姓，称为再生族；首陀罗则连轮回的因缘都没有，为不生族，生生世世为首陀罗，子孙也倒霉跟着宿命，无法改变身份。相对于此，贱民比首陀罗更为卑微、低贱，连四种姓都无法跻身其中，只能从事挑粪、焚化尸体等最卑贱、龌龊的工作。

出身于高贵种姓释迦族的悉达多太子，为了打破种姓制度的桎梏，舍弃既有的优越族姓，主张一切众生皆平等，成正等觉，创立了佛教僧团。为了贯彻佛教的平等思想，佛陀不仅先度首陀罗身份的优婆离出家，后度释迦族的七王子，先入山门为师兄，树立僧团伦理制度。佛陀更严禁弟子们用贵族的语言——梵文宣讲佛法，而以人民容易理解的地方口语来演说法义，这就是巴利文经典的滥觞。佛陀认为真理不应该是属于少数贵族、知识分子的专利或装饰，而应该更贴近普罗大众，属于平民百姓共有共知。原来佛陀早就在推动佛法的普遍化、大众化、白话化的伟大工作。

佛教从西汉哀帝末年传入中国，历经东汉、魏晋南北朝、隋唐的漫长艰巨的译经过程，加上历代各宗派祖师的著作，积累了庞博浩瀚的汉传佛教典籍。这些经论义理深奥隐晦，加以书写的语言文字为千年以前的古汉文，增加现代人阅读的困难，只能望着汗牛充栋的三藏十二部扼腕慨叹，裹足不前。

如何让大众轻松深入佛法大海，直探佛陀本怀？佛光山开山宗长星云大师乃发起编纂《中国佛教经典宝藏》。一九九一年，先在大陆广州召开“白话佛经编纂会议”，订定一百本的经论种类、编写体例、字数等事项，礼聘中国社科院的王志远教授、南京大学的赖永海教授分别为中国大陆北方与南方的总联络人，邀请大陆各大学的佛教学者撰文，后来增加台湾部分的三十二本，是为一百三十二册的《中国佛教经典宝藏精选白话版》，于一九九七年，作为佛光山开山三十周年的献礼，隆重出版。

六七年间我个人参与最初的筹划，多次奔波往来于大陆与台湾，小心谨慎带回作者原稿，印刷出版、营销推广。看到它成为佛教徒家中的传家宝藏，有心了解佛学的莘莘学子的入门指南书，为星云大师监修此部宝藏的愿心深感赞叹，既上契佛陀“佛法不舍一众”的慈悲本怀，更下启人间佛教“普世益人”的平等精神。尤其可喜者，欣闻现大陆出版方东方出版社潘少平总裁、彭明哲副总编亲自担纲筹划，组织资深编辑精校精勘；更有旅美企业家鲁彼德先生事业有成之际，秉“十方来，十方去，共成十方事”之襟怀，促成简体字版《中国佛学经典宝藏》的刊行。今付梓在即，是为序，以表随喜祝贺之忱！

二〇一六年元月

目　录

题解

《安乐集》汇集了有关往生西方安乐净土的各种经论要文。“净土”是相对于“秽土”而言。佛教认为，我们芸芸众生所居的世界，充满了各种不净之物，是为“秽土”；而诸佛以其所行之功德及所立的各种誓愿力而成就的国土，则清净无垢，充满光明和喜乐，因此称为“净土”。在诸佛净土中，尤以西方阿弥陀佛的净土更为殊胜。

据佛经中讲，阿弥陀佛的西方净土以黄金为地，以金、银、琉璃、砗磲、玛瑙等种种宝物严饰阶道楼阁。还有以各种宝物装饰的栏楯、罗网和行树等。此国土昼夜六时天雨曼陀罗花，当微风吹动诸宝行树和宝罗网时，都会发出微妙的乐声，听到这些微妙的音声，众生即会自然生出念佛、念法、念僧之心。生于此国的众生，都有一心向佛之不退转心，他们没有诸般苦恼，唯有种种欢乐，因此阿弥陀佛的净土被称为“极乐净土”或“安乐净土”“安乐国土”等。

如《无量寿经》就说阿弥陀国土“无有三途苦难之名，但有自然快乐之音，是故其国名曰：‘安乐’”。本书以“安乐”为书名，明确地显示了本书的宗旨是在弘扬西方阿弥陀佛的净土教义。

作者

《安乐集》的作者，是隋唐时大力弘扬净土教的大师道绰。据唐代著名的佛教史学家道宣律师所作的《续高僧传·道绰传》说，他俗家姓卫，并州文水（今山西文水县）人（另据唐代僧人迦才所作的《净土论》卷下“引现得往生人相貌”中作并州晋阳人）。道绰生于北齐武帝（高湛）河清元年（公元五六二年），卒于唐贞观十九年（公元六四五年），享年八十有四。

道绰幼年时以能恭让而知名闾里。十四岁时（北齐后主武平六年，公元五七五年）弃俗出家，开始诵习佛教经典。

南北朝时，正是中国佛教涅槃佛性学十分流行之时，涅槃佛性学主要讲成佛的可能性，成佛的依据、条件以及佛的果位、境界等问题。对于这些问题，南北诸家所传不同，各有师承。宋齐时北方僧人昙准到南方，听到南方涅槃师僧宗讲《涅槃经》，方审知此学南北各有特点。

北方的涅槃学流传可追溯到北凉的昙无谶译出大本《涅槃经》之时。北凉玄始十年（公元四二一年），昙无谶到姑臧（治所在今甘肃武威）应河西王沮渠蒙逊之请译出《大涅槃经》。此经宣说一切众生，包括断了善根的一阐提人，也都具有佛性。这一学说在中国佛教发展史上曾产生过重大影响。公元四三九年，北魏太武帝平凉州，将凉州经像法事悉数迁入平城（今山西大同），于是涅槃学开始在北地广泛流传。

孝文帝以后，北方传习《涅槃》者更多。如智嵩曾以新译经论在凉地传授《涅槃》义旨，并著《涅槃义记》。四分律大师慧光亦曾著《涅槃疏》，其门人法上为一代名师，在北齐时曾任僧统。法上的弟子净影慧远更是齐隋门一代名师，学《地论》而兼《涅槃》，亦曾著《涅槃疏》十卷，所作名著《大乘义章》，常归宗于《涅槃》旨义。

受这种环境熏染的道绰法师，当然对《涅槃经》的研究也特别重视。现在我们虽然没有足够的资料来证明他对涅槃学研究的程度，但道宣在《道绰传》中说，他自出家以后，跟着老师学习诸部经论，特别对于《大涅槃经》尤为重视，重点弘传。他曾先后亲自开讲《大涅槃经》二十四遍，可见他对涅槃学之研究是花了很大的功夫。

除了《涅槃经》以外，他对大乘佛教的其他经论也有相当造诣。他所著的《安乐集》，为了劝引众生归向西方净土，曾广引诸部经论，以申明净土教义。据粗略统计，《安乐集》中所引的各种经律论释多达五十余部。除了专讲净土的《无量寿经》《观无量寿经》和《阿弥陀经》之外，诸如《法华》《般若》《华严》《涅槃》《大集》等经，以及《大智度论》《大乘起信论》《俱舍论》等论都曾加以引证，可见他佛学见识之广博。

道绰法师后来又在太原开化寺师从慧瓒禅师，慧瓒禅师为当时北方禅学名宿，清约雅素，慧悟开天，道名远播。道绰在其座下修习空理，颇得禅味。

道绰法师对佛教最重要的功绩还是在传播和弘扬净土往生教义。隋大业五年（公元六〇九年），他来到石壁玄中寺（在今山西省交城县境内），寺为北魏、北齐时昙鸾法师所立，昙鸾在当时号称“神鸾”，一生精修净业，致力于净土教学的研究，所作《净土往生论注》《赞阿弥陀佛偈》以及《略论安乐净土义》等，专门弘扬净土法门。他常在并州、汾州一带活动，得到许多信众的奉持和皈依。道绰在石壁玄中寺见到记载昙鸾法师事迹以及显示其西方往生种种瑞应的碑文，心有感触，于是开始专修净业，大力弘扬愿求往生西方的净土法门。

在此之前，道绰法师就对净土教义及昙鸾大师的功绩给予相当的关注。他曾搜酌经论，加以融会贯通，以便甄别料简。自从在玄中寺见到记载昙鸾大师事迹的碑文后，便舍弃涅槃学及其他诸般讲习，一心修习净土法门，并专念西方阿弥陀佛。据《僧传》等史料记载，道绰法师后来声誉日著，远近闻名，道俗信众慕名而赴者日接不暇。

他为信众讲解《观无量寿经》先后共约二百余遍，而且词旨明畅，比事引喻，对机应化，使听者都能各有所获。因此每当讲经结束，大众个个手掏念珠，口诵佛号，一时念佛之声，响弥林谷。即使偶有不信者，一旦接触道绰的风采，听了他深入浅出地讲解净土教义之后，也都为他的滔滔雄辩和仪貌风度所折服。

道绰劝人念佛，以口诵阿弥陀佛名号为主。他要求道俗信众称念阿弥陀佛名号，以麻豆等物计数，每念一声，便下一粒，如是念念相继，诵佛不辍，累积共得数百（万）斛。他又穿木栾子为数珠用以计数，并将这种自己穿制的念珠送给众人，教他们念佛。除了劝导教化道俗众生称名念佛之外，道绰自己也勤于净业，精进不断。

相传他自己经常面西而坐，六时笃敬，观想礼拜，从不缺绝。一有空暇，即口诵阿弥陀佛名号，据说他自己每天要念佛七万遍。由于他的身体力行及勤力教化，山西晋阳、太原一带的道俗男女，望风成习，七岁的小儿都会诵念阿弥陀佛名号。于是，净土教义在社会上很快地流传开来。中国佛教净土宗的形成和发展，与道绰法师及其弟子善导的功绩有很大关系，因此道宣也在《僧传》中赞叹说，寻求西方往生的净土法门能广泛流传，是由于道绰法师的缘故啊！

入唐以后，道绰声誉日隆，甚至远在京师的唐朝皇帝也听了他的名声，曾亲自驱车到玄中寺访问道绰，为文德皇后之病祈愿。道绰法师晚年仍然神清气朗，容光焕发，并不断以念佛求生西方之义教化众生，孜孜不倦。唐贞观十九年（公元六四五年）四月入寂于玄中寺。因其常年所住的玄中寺，属西河汶水之地，故后人又称他为“西河禅师”。

道绰直接继承了昙鸾一系的净土思想，以口称诵念阿弥陀佛名号，愿求西方往生为修行特点。受其教化者遍及并州、汾州等地。其入门弟子有道抚、僧衍、善导等人，而以善导最为杰出。后来善导在长安盛弘净土念佛法门，以称名念佛为主要修行手段，在社会上广行教化，成为中国净土教史上最重要的人物之一。

道绰自四十八岁改信净土教后，唯以弘扬净土念佛法门为己任。他一生重念佛修行，所以他的著述留下的并不多，道宣在《僧传》中说他曾著《净土论》二卷，统谈龙树、天亲，迩及僧鸾、慧远，并遵崇净土。此《净土论》即是现存藏中的《安乐集》二卷。《唐书·艺文志》记道绰的著作，有《净土论》二卷，及《行图》一卷。此外，日本《东域传灯目录》卷下记道绰另著《观经玄义》一卷，然这些著作，除《安乐集》外，现都不传，因此《安乐集》一书成为我们研究道绰的佛教思想，以及研究中国佛教净土宗发展史的重要资料。

版本和内容

《安乐集》一书问世后，引起了广泛的注意。唐代道宣法师评论此书是“明示昌言，文旨该要，详诸化范”（见《续高僧传·道绰传》），因此在唐代甚为流行。宋代以后则不见著录。近代南京金陵刻经处曾有单刻本行世。一九八三年中华书局出版的《中国佛教思想资料选编》第二卷第三册中也收集了这本书。唐代以后，《安乐集》传到日本，引起日本净土教徒的重视，纷纷进行研究，并有多种注疏本出现。日本《大正新修大藏经》亦将本书收集于第四十七卷（No.1958）。

《安乐集》上下两卷，共分十二大门，每一门又分若干部分加以立论辨析，称为“料简”，所以全书共有三十八番料简构成。中心思想是将佛的一代说教，分为圣道门和净土门，以圣道门为难行道，以净土门为易行道，劝谕众生信归弥陀，愿求往生安乐世界。全书以《观无量寿经》义旨统以贯之，着重于破除异义，弘扬净土教义。

《安乐集》上卷共有三大门。

第一门从所处的时代和众生的根机来说明净土法门易修易行。书中说，假如教义与时机相应，就容易修行证悟，反之则难以入门。书中认为现时众生，因离佛陀时代久远，故而正应当忏悔修福、称念佛号，才能灭罪得福，求得净土往生。

接着书中又详细说明了阿弥陀佛及其西方净土的果位功德。道绰判定，阿弥陀佛是报身佛，他所教化的极乐庄严西方净土，是由阿弥陀佛所行功德感应受报而成就的报土。故而西方极乐世界的果位上通诸佛、菩萨，下达世俗凡夫。智浅机劣之徒，只要信奉弥陀佛愿力，一心称念佛的名号，必能往生西方净土。

第二大门主要告诫凡是希望将来往生西方净土的信众，必须先发菩提心。所谓“菩提心”就是指欲上求佛道、下度众生的大愿心。道绰认为只有先发此菩提大心，才有可能修得往生。因为菩提是无上佛道之名，因而此心广大、究竟、长远、普备。道绰在此门中还批评了大乘佛教其他一些派别对净土门的异见，最后又着重强调称名念佛的方法和效用。

第三大门再次明确指出净土法门是时教相应的方便法门，是末法时期的易行之道。书中以龙树《往生论》为依据，认为在末法时期若想以自力修成佛道，有如陆路行走，比较辛苦，故是难行之道。若依佛的愿力，修习各种净业，愿求净土往生，好像舟行水中，较为易行，故称易行道。他说在当今末法时期，唯有净土一门可通入路。他还宣称，即使曾经造恶之人，只要能够系意专精，常能念佛，就会消除各种障碍，定然得到往生。这一门是全书的重点，是《安乐集》净土思想的要旨。下卷各门几乎都是围绕着这一门所说的内容进行反复论证，并加以多方发挥的。

下卷共分九大门，主要内容是紧紧环绕第三门中提出的思想，大量引证中国佛教历代高僧的事迹以及佛教经论加以说明。

第四大门主要叙述自北魏至北齐的六位高僧所行劝修净土法门之事。并引证《华严》《涅槃》《般舟》等大乘经论来说明念佛三昧为修道入圣之要门，以及修习念佛三昧的种种不可思议之功德利益。

第五大门反复比较难行、易行二道之优劣，强调说明秽浊之世，唯有念佛修行，求生净土，才能早证无上菩提。

第六大门引诸经论，说明十方世界诸佛净土以西方净土最为殊胜。因为西方净土教主阿弥陀佛以及观世音、大势至菩萨与此土众生特别有缘之故。唯释迦佛怜悯末法众生，所以特令此净土经典住世，故凡夫众生应当一心向往求生西方。

第七、八、九诸门主要从修道功用、果报之真伪、众生的苦乐、善恶及寿命的长短等角度，将娑婆世界与安乐世界加以反复比较，以说明往生西方净土比在此土修行具有更大的功德利益。

第十大门以十方诸佛劝归净土来说明安乐国土的不可思议。

最后两门再次劝导一切众生应依善知识发心向西，求生安乐净土，并引《十往生经》以叙述念佛往生的种种行业。最后作偈普劝同归，共成佛道。

中国佛教史上的地位及价值

在众多佛教经论中，《安乐集》一书篇幅并不大，但本书弘扬净土教义，提出了一系列关于净土信仰和往生方法的理论，并大量引证经论，不断破除不利于净土教义发展的各种思想障碍，使得净土法门在社会上广泛流行，深入到社会各阶层中，为净土宗的创立和发展做了思想理论上的准备。后来，道绰的弟子善导作《观经疏》（即《观经四帖疏》，也作《四帖疏》），就是以《安乐集》的净土思想作为理论基础。因此《安乐集》一书在中国净土宗思想发展史上具有一定的重要性。

此书的最大缺点是体系比较零乱，缺乏内在的逻辑性和系统性。唐代另一位净土教僧人迦才评论此书“虽广引众经，略申道理，其文义参杂，章品混淆，后之读者亦踌躇未决”（见迦才《净土论序》）。尽管如此，由于本书是一部由中国僧人所著的，较早的专门弘扬净土教义的著作，因此在宣扬净土思想、推广净土教义的流传和发展方面所起的作用还是很大的。后来此书传入日本，受到日本净土宗和净土真宗的重视，成为一宗圣典。

经
典

1 卷上

原典

《安乐集》卷上

释[1]道绰撰

此《安乐集》一部之内，总有十二大门，皆引经论证明，劝信求往。

今先就第一大门内，文义虽众，略作九门料简[2]，然后造文。

第一，明教兴所由，约时被机，劝归净土。

第二，据诸部大乘，显说听方轨[3]。

第三，据大乘圣教，明诸众生发心久近，供佛多少，欲使时会听众，力励发心。

第四，辨诸经宗旨不同。

第五，明诸经得名各异，如《涅槃》《般若经》等，就法为名，自有就喻。或有就事，亦有就时就处，此例非一。今此《观经》[4]就人、法为名，“佛”是人名，“说观无量寿”是法名也。

第六，料简说人差别。诸经起说，不过五种：一者佛自说，二者圣弟子说，三者诸天[5]说，四者神仙说，五者变化说。此《观经》者五种说中世尊[6]自说。

第七，略明真应二身[7]，并辨真应二土。

第八，显弥陀净国，位该上下，凡圣通往。

第九，明弥陀净国三界[8]摄与不摄也。

注释

①**释**：为梵语音译释迦的略称。汉地佛教出家僧人之姓。佛教初传汉地，僧人或仍作俗姓，或依师姓。东晋释道安认为僧人都是佛子，应以佛的姓氏为姓，因佛陀为释迦氏，故佛子均当以“释”为姓。后《阿含经》传来，经中果有“四河入海，无复河名；四姓沙门，皆称释种”之语，于是天下遵为定式。

②**料简**：品评、选择之意。本指量才任官或甄别人

品，如《晋书·佛图澄传》：“百姓因澄故，多奉佛，皆营造寺庙，相竞出家，真伪混淆，多生愆过。季龙下书料简。”亦泛指对一切事物的整理择别。

③**方轨**：本指两车并行，如《史记·苏秦列传》：“车不得方轨，骑不得并行。”后比喻事物之不相上下。这儿指从听、说两方面并重，以说明道理。

④**《观经》**：即《观无量寿佛经》，净土三经之一，南朝宋畺良耶舍译，一卷本。主要描述西方阿弥陀佛极乐净土的美妙庄严，以及修行往生西方净土的十六种观法。经中还提出，只要真心修善持戒，诵念“南无阿弥陀佛”，即可灭罪消灾，死后往生西方净土。历来佛学大师对此经的注疏甚多，以唐代善导所作的《观无量寿经疏》(也称《观经四帖疏》或《四帖疏》)影响最大。

⑤**天**：佛教所说的天，不仅是指自然天空的天，更主要是指有情众生之一的“天人”，或称“天众”“诸天”等，为有情众生轮回的趣向之一，即天界、天道、天趣等。

⑥**世尊**：佛陀的尊号之一。以佛具备万德，为世所尊，故称为世尊。如《成实论》中说：“如是九种功德具足，于三世十方世界中尊，故名世尊。”

⑦**真应二身**：即指真身和应身。以众生本来具有的真如法性成就佛身，称为法身，亦即真身。佛陀为度世间众生而随机应化，在三界六道之中所显各种不同之身，

称之为应身。

⑧**三界：**指欲界、色界、无色界。是有情众生存在的三种境界。欲界是具有食欲和淫欲的众生所居，包括地狱、饿鬼、畜生、人以及天界中的六欲天。色界是已离食、淫二欲，但仍离不开物质的众生所居，包括天界中十七种天，故又称色界十七天。无色界为无形色众生所居，他们已脱离了物质世界的束缚，包括天界中的四天，故称四无色天。佛教认为三界众生均未脱离轮回，故而都属迷界。

译文

这部《安乐集》内，总共分十二个大门进行论述。每一门内都广引经论加以证明，以劝引众生信奉净土，愿求往生西方极乐国土。

首先，第一大门中，内容虽然很丰富，但大略可概括为九个方面加以说明。

一、阐明净土教兴起的缘由，以及它们所适宜的时代、根机，以劝引众生皈依净土。

二、依据诸部大乘经论，从说法和听法的两方面来显示净土教义。

三、以大乘圣教为依据，辨明众生发心时代的远近，以及他们供佛的多少，希望与会听众能勤策勤励，发心往生。

四、辨明佛教各部经典宗旨之区别。

五、说明各部经典命名的角度不一样。如《涅槃经》《般若经》等，是以佛所说之法的性质命名。也有就所说之事，或从说法的时机、说法场所等角度命名的。这种例子不一而足。本书所举的《佛说观无量寿经》，则以说经之人，以及所说之法而名。“佛”是说经者之名，“观无量寿”是所说之法的名。

六、区分所说之人的差别。各种佛经形成的缘由，不外乎这五种：第一是佛自说，第二是由佛弟子说，第三是由诸天宣说，第四是由各种仙人说，第五是经过各种变化身说。现在此部《观无量寿经》是这五种中的第一种，是由佛世尊亲自宣说的。

七、简单说明关于佛的真身、应身，以及真土、应土之问题。

八、论明阿弥陀佛清净国土之果位，包容上下诸等根机的众生。六凡四圣，一切众生都能往生安乐国土。

九、辨明阿弥陀佛国土是否统摄三界（即欲界、色界、无色界，是一切有情众生生存的境界）。

原典

第一大门中，明教兴所由，约时被机，劝归净土者，若教赴时机，易修易悟；若机教时乖，难修难入。是故《正法念经》云："行者一心求道时，常当观察时方便。"若不得时，无方便，是名为失，不名利。何者？如攒湿木以求火，火不可得，非时故。若折干薪以觅水，水不可得，无智故。是故《大集月藏经》云："佛灭度[①]后第一五百年，我诸弟子学慧得坚固[②]。第二五百年，学定得坚固。第三五百年，学多闻读诵得坚固。第四五百年，造立塔寺，修福忏悔得坚固。第五五百年，白法[③]隐滞，多有诤讼，微有善法得坚固。"

又彼经云："诸佛出世，有四种法度众生。何等为四？一者口说十二部经[④]，即是法施度众生。二者诸佛如来有无量光明相好[⑤]，一切众生但能系心观察，无不获益，是即身业[⑥]度众生。三者有无量德用，神通道力，种种变化，即是神通力度众生。四者诸佛如来有无量名号，若总若别。其有众生，系心称念，莫不除障获益，皆生佛前，即是名号度众生。"

计今时众生，即当佛去世后第四五百年，正是忏悔修福，应称佛名号时者。若一念称阿弥陀佛，即能除却八十亿劫[⑦]生死之罪。一念既尔，况修常念，即是恒忏悔人也。

又，若去圣近，即前者修定、修慧是其正学，后者是兼。如去圣已远，则后者称名是正，前者是兼。何意然者？实由众生去圣遥远，机解浮浅暗钝故也。是以韦提[⑧]大士自为，及哀愍末世五浊[⑨]众生，轮回多劫，徒受痛烧，故能假遇苦缘，谘开出路豁然，大圣加慈，劝归极乐。

若欲于斯进趣，胜果难阶，唯有净土一门，可以情悕趣入。若欲披寻众典，劝处弥多。遂以采集真言[⑩]，助修往益。何者？欲使前生者导后，后去者昉前，连续无穷，愿不休止，为尽无边生死海故。

注释

①**灭度：**亦作入灭，即涅槃。《涅槃经》二十九曰：“灭生死故，名为灭度。”

②**坚固：**心念不动不变，称为坚固。《法华经》曰：“妙光教化令坚固。”

③**白法：**指白净之法，为一切善法之统称。

④**十二部经：**也作十二分教，泛指一切佛经。所有佛经，按其体例和内容可分为十二大类，称作十二部经。此十二大类据《大智度论》卷三十三，为：（1）修多罗（契经），即经典中直说法义的长行；（2）祇夜（应颂、重

颂），重宣长行之义的颂体文；（3）伽陀（讽颂、孤起颂），不依长行之义，直接的偈颂文；（4）尼陀那（因缘），记述佛说法教化的因缘，如诸经之序品；（5）伊帝目多伽（本事），佛说弟子过去世因缘的经文，如《法华经》中《药王菩萨本事品》等；（6）阇陀伽（本生），即佛说自身过去世因缘的经文；（7）阿浮陀达磨（未曾有），记载佛所显现种种神通、不可思议之事的经文；（8）阿波陀那（譬喻），佛以譬喻所说的教义；（9）优波提舍（论议），问答和论议教义法理的经文；（10）优陀那（自说），无人发问而佛自说的经文。如《阿弥陀经》者即是；（11）毗佛略（方广），佛说方正广大之理的经文；（12）和伽罗那（授记），佛对菩萨预言成佛的经文。

⑤**相好**：即三十二大人相、八十种随形好的略称。佛教认为佛的身体有许多庄严美妙的相状，概而言之有三十二种大的相状，八十种随之而产生的美好之相，如佛面圆满、眉间有白毫、螺发等等。《观无量寿经》说："心想佛时，是心即是三十二相，八十随形好。"所以净土行者念佛，需念佛的相好。

⑥**业**：梵语羯磨的意译。指有情众生的一切身心活动，即造作之意。大略可分为身业、口业、意业三类。业所积聚之力，可使众生趣向轮回道中。佛教认为众生的因果报应均以业力为依据。

⑦**劫**：梵语音译“劫波”之略称。意为极久远的时节。具体说法不一，一般分为大劫、中劫、小劫三种。

⑧**韦提**：又作韦提希，古印度摩揭陀国频婆娑罗王之夫人，阿阇世王之母。相传阿阇世王为太子时，因所信恶友提婆达多之言，企图弑父，母为救夫被囚。韦提希夫人因被幽囚，生厌离之心，祈求佛陀，愿生净土，于是佛为说《观无量寿经》。

⑨**五浊**：又作五滓、五浑等。指五种浑浊不净之法，它们是：劫浊、烦恼浊、众生浊、见浊、命浊。如《法华经》中说：“诸佛出于五浊恶世，所谓劫浊、烦恼浊、众生浊、见浊、命浊。”

⑩**真言**：真实之言。这儿指诸佛经所说之言。

译文

现在进一步具体论述这九个方面。

第一，阐明净土教义兴起的缘由，以及它所适应的时代和根机。假如所说之教法与所处的时代、众生的根机相契合，那么就容易修行，也容易得到领悟。倘如所说教法与时代及众生根机相背离，那么就难以修行，也难以入门。所以《正法念经》说：“当修行者一心追求佛道时，应当经常观察时机之方便。”如不合时代，没有便利的机遇，那就是失而不是利。为什么这么说呢？如果你钻湿的木头以求火，那就不可能得到火。这是因为条件不相宜之故。假如你折取干柴以觅水，那也不可能得到水，只有无知愚昧者才会这样。所以《大集月藏经》中说："佛入灭后第一个五百年，我们各位佛弟子通过修习智慧能够得佛道。在第二个五百年中，通过修习禅定能够得道。第三个五百年间，需要经常听闻佛法，读诵佛经，就能修习成道。第四个五百年中，必须大力修建寺院佛塔，通过修习福德，对自己的过失经常进行忏悔，也能修成佛道。到了第五个五百年，则世间一切善法不显，诤讼纷起，极少有人能通过修习善法而成佛道的。"

经中还说："诸佛出世，以四种方法济度众生。哪四种方法呢？一是口宣诸部佛教经典，这是以佛法济度众生。二是诸佛如来之身，具有许多异于常人的美好庄严之处，还能发出光明闪耀。一切众生只要能对此专心系念观照，必能获得巨大利益。这是佛陀以自己圆满美好的形相来济度众生。三是诸佛如来以无数功德效用成就各种神通力量，能随意千变万化，这是以神通力来济度众生。四是诸佛如来各有许多名号，有的名号是统称，如佛、如来等，有的则是各自的别称，如释迦牟尼佛、阿弥陀佛、药师佛等等。如有众生专心称念佛的名号，必然会灭除各种烦恼障碍，获得利益，都能投身于诸佛跟前，这是诸佛以名号济度众生。”

算起来，现时众生正处于佛入灭后第四个五百年，恰好需要忏罪悔过，修习福德，应该称念佛的名号之时。众生若能一念称诵阿弥陀佛名号，就能除去八十亿劫生死之罪。一念尚能如此，更何况能经常修习称念名号，那将是不断忏悔的人了。

另外，假如离开圣人在世的时间近，则应当以修习各种禅定和智慧为主，兼习修福、忏悔等事。但是如果离开圣人在世的时代已经很远，那么就应当以称名念佛为主要修行方法，并兼习禅定和智慧。为何要这样呢？实在是因为离开圣人的时代太遥远了，故而众生根机浅浮，愚昧迟钝，无法理解深奥的佛法精髓之缘故。所以韦提希夫人一方面是为了自己能出离苦海，另一方面则是哀愍处于末法时代五浊恶世中的众生，堕入轮回之劫难，徒然遭受痛苦。故而假借自己被幽禁受苦之缘，启请佛陀，广开能脱离苦海的光明大道。而佛陀则以慈悲之心加被于众生，劝导众生归于极乐净土。

如果能在这一方面精勤努力，则此人成果必将难以衡量。唯有净土法门，可以因悲悯之情得以趣入。如果欲披阅搜寻各种佛典，可以看到有许多地方是劝归导向净土的。所以我广泛搜集各种经典中佛所说的劝归净土之言，以有助于大家修习往生。为什么这样做呢？是希望以先行往生者之事迹导引后来者，以后去者继承前行者。这样使往生者连续无穷，延绵不断，从而度尽无边生死海中的众生。

原典

第二，据诸部大乘，明说听方轨者，于中有六：

第一，《大集经》[①]云："于说法者，作医王想，作拔苦想。所说之法，作甘露想，作醍醐想。其听法者，作增长胜解想，作愈病想。若能如是，说者听者，皆堪绍隆佛法，常生佛前。"

第二，《大智度论》[②]云："听者端视如渴饮，一心入于语议中，闻法踊跃心悲喜，如是之人应为说。"

第三，彼论又云："有二种人，得福无量无边。何等为二？一者乐说法人，二者乐听法人。是故阿难[③]白佛言：'舍利弗[④]、目连[⑤]，何以所得智慧神通，于圣弟子中最为殊胜？'佛告阿难：'此之二人，于因[⑥]中时，为法因缘，千里不难，是故今日最为殊胜。'"

第四，《无量寿大经》[⑦]云："若人无善本，不得闻此经。清净有戒者，乃获闻正法。"

第五，云："曾更见世尊，则能信此事，奉事亿如来，乐闻如是教。"

第六，《无量清净觉经》[8]云："善男子、善女人[9]，闻说净土法门，心生悲喜，身毛为竖，如拔出者，当知此人过去宿命[10]已作佛道也。若复有人，闻开净土法门，都不生信者，当知此人，始从三恶道[11]来，殃咎未尽，为此无信向耳。我说此人，未可得解脱也。"

是故《无量寿大经》云："憍慢弊懈怠，难以信此法。"

注释

①**《大集经》：**全称《大方等大集经》。大集，意为大众会集、诸法会集之意，表示当时听闻的人数，以及所说内容之多，实为大集部经典的总集。有多种译本，较为通行的是北凉昙无谶所译的六十卷本。

②**《大智度论》：**为解释《摩诃般若波罗蜜经》（也作《大般若经》）的论著。龙树菩萨造，姚秦弘始四年（公元四〇二年）由鸠摩罗什法师译于长安逍遥园西明阁。全书一百卷，但仍为原著的一小部分。论中释中道实相之义，广征博引，保存了许多已散佚的资料，乃研究大乘佛教的重要论著。

③**阿难：**全称阿难陀，意为"欢喜""庆喜"。释迦佛的十大弟子之一，本是释迦牟尼佛的堂弟，从随释迦

佛出家。因长于记忆，故被称为“多闻第一”。

④**舍利弗：**旧译“鹙露子”，本为古印度摩揭陀国王舍城的婆罗门，后随释迦佛出家，并成为佛陀十大弟子之一。因其敏捷智慧，善于讲演佛法，故被称为“智慧第一”。

⑤**目连：**全称摩诃目犍连，即大目犍连。本古印度王舍城郊人，属婆罗门种姓，后皈依释迦佛，为佛陀十大弟子之一。相传他有很大神通，在诸弟子中以“神通第一”而著称。“目连救母”的故事，在中国佛教中流传极广，据说“盂兰盆节”即源于此。

⑥**因：**与果相对。凡能造成一定结果，或参与造成一定结果的因素都可称为“因”。佛教强调因果关系，认为世间一切事物现象，都是一定原因的结果，任何相关的事物都是互为因果。因此，因果关系普遍存在，是事物得以存在和变化的条件。佛教说因的种类很多，有六因、十因等等。

⑦**《无量寿大经》：**即《无量寿经》，有时简称为《大经》。是净土三经之一，净土宗的基本经典之一。一般认为是三国时魏康僧铠译，二卷本。主要内容是说阿弥陀佛在未成佛前，曾以国王之身舍国出家，号法藏比丘。他在修道过程中曾发四十八愿，后修习成佛，名“无量寿”，国土在西方，名“安乐”（或作“极乐”）。本经

有多种异译本，历代佛教学者的注疏也很多，如隋代吉藏的《义疏》一卷，慧远的《义疏》二卷等。此外，印度世亲的《无量寿经优波提舍愿生偈》，以及北魏昙鸾的《往生论注》等，都是依此经义而作，并成为净土宗的重要典籍。

⑧**《无量清净觉经》：**即《无量寿经》的异译本，西晋竺法护译（现题后汉支娄迦谶译）。此外，据梁《高僧传》以及《开元释教录》以前的隋、唐诸经录记，魏时帛延也曾译此经。

⑨**善男子、善女人：**是佛家对信佛闻法之在家、出家男女的称呼。

⑩**宿命：**即宿世之命，也就是前世的生命之意。佛家持业报轮回说之观点，认为今世生命实由前世所为之善恶决定，故前世所作为今世之因，今世所受之果，乃由宿命决定。

⑪**三恶道：**又作三恶趣，指地狱、饿鬼、畜生三道。佛家持业报轮回说，认为有情众生，各以本身的善、恶业力，不断地轮转于人、天、地狱、饿鬼、畜生中，以后三者为恶业往来的趣处，故称之为三恶道。

译文

第二，依据诸部大乘经论，从说法和听法两方面来显示净土教义。可分六点说明：

一、《大集经》说：“应当把说法者看作高明的医师，前来解救病者的苦难。把他所说之法看作是甘露，是醍醐。对于听法者来说，应该认为这是增长见识智慧，或是能治愈病患的大好机会。如能这样，则说法者和听法者都能担当、继承和兴隆佛法的大业，并能经常投生于佛前。”

二、《大智度论》说：“听法者端详审视如饥似渴，一心一意地钻研听到的法音。听闻佛法心生欢喜踊跃，这样的人应当为他解说佛法奥义。”

三、此论又说：“有两种人可得无穷无尽的福报。怎样两种人呢？一是乐于演说佛法之人，二是乐于听闻佛法之人。所以阿难曾对佛陀说：‘舍利弗和目连两人为什么获得的智慧和神通，在诸佛弟子中最为突出呢？’佛陀告诉阿难说：‘这两人在修习过程中，为了佛法的缘故，千里奔波，不畏艰难，所以现在他们获得的成就最为突出。’”

四、《无量寿经》说：“如果有人不具备善根，就不能听闻此经。只有清净而能守持戒律者，才有可能获得听闻佛法的机会。”

五、经中又说：“曾经多次见过佛世尊者，才能毫不犹豫地信奉净土法门。曾经奉事过亿万如来的人，才能更加乐于听闻净土教义。”

六、《无量清净觉经》中说：“信奉佛法的善男信女们，闻说净土法门后，心中产生慈悲欢喜之情，致使全身毛发为之而竖。应当知道，这些人在过去世时已经成就佛道了。如果还有人听了净土法门之义，还不产生信仰之心者，当知此人是刚从地狱、饿鬼、畜生三恶道中转生而来，他前世的祸殃罪业还未报尽，所以对此净土法门不会产生信仰之心啊！我说这种人是不可能获得解脱的。”

所以《无量寿经》说：“具有憍、慢、弊、懈、怠之心的人，难以信奉此净土法门。”

原典

第三，据大乘圣教，明众生发心久近，供佛多少者。如《涅槃经》云：“佛告迦叶菩萨，若有众生，于熙连[1]半恒河沙[2]等诸佛所发菩提心，然后乃能于恶世中，闻是大乘经典不生诽谤。若有于一恒河沙等佛所发菩提心[3]，然后乃能于恶世中，闻经不起诽谤，深生爱乐。若有于二恒河沙等佛所发菩提心，然后乃能于恶世中，不谤是法，正解信乐，受持读诵。若有于三恒河沙等佛所发菩提心，然后乃能于恶世中，不谤是法，书写经卷。”

虽为人说，未解深义。何以故须如此教量[④]者？为彰今日座下闻经者，曾已发心供养多佛也。又显大乘经之威力不可思议，是故经云："若有众生，闻是经典，亿百千劫不堕恶道。"何以故？是妙经典所流布处，当知其地即是金刚[⑤]，是中诸人亦如金刚。故知闻经生信者，皆获不可思议利益也。

注释

①**熙连**：一作希连，也译作阿利罗跋提、阿恃多伐底等。为古印度河名，相传释迦佛灭度于此河边的树林中。如法显所译之《大般泥洹经》一说："一时佛在拘夷城力士生地，熙连河侧坚固林双树间。"又，一说熙连河即释迦成道时沐浴的尼连禅河，见《玄应音义》三。

②**恒河沙**：喻事物之多。恒河为印度著名的河流，相传释迦成道后常在恒河流域活动，故佛经中常以恒河为喻。

③**菩提心**：即为上求佛道、下化众生的无上大心。菩提意为"觉""智"，为佛道最高的智慧。大乘佛教认为发菩提心，乃是修习佛道的根本条件。

④**教量**：即校量、较量，比较衡量之意。

⑤**金刚**：《三藏法数》曰："金中最刚，故曰金刚。"

佛经中往往用以喻佛之智慧，表示佛的智慧至坚至锐，能破一切邪魔外道。

译文

第三，依据大乘圣教，辨明众生发心的久远及供佛的多少。如《涅槃经》中说："佛告诉迦叶菩萨说，如有众生能于熙连河及半条恒河中的沙子那样多的佛前，发追求佛道的无上大心，然后才有可能于此秽浊恶世中，听到这种大乘经典而不生诽谤之意。如有人在整个恒河沙那样数量的佛前发无上大心，然后才能于秽浊恶世中，听闻这种大乘经义而不生诽谤，反而产生深切的喜爱和欢乐之情。如有人在二倍于恒河沙数的佛前发无上大心，才能在恶世中不诽谤大乘教法，正确地理解、乐于信奉这种教法，接受诵读此大乘经典。如有人在三倍于恒河沙数的佛前发无上大心，才能于秽浊恶世中不谤大乘佛法，并能书写经卷，传播佛法。"

佛陀虽然对众生这样说，但我们并未理解其中的深义，为什么要这样比较衡量呢？这是为了显示彰明现今正在听闻佛法的人，都是曾经发过无上大心、供养过无数佛世尊的。又是为了显示大乘经典不可思议之奇妙威力之故，所以佛经常说："如有众生听闻此经，百千亿劫不再堕入恶道之中。”为什么呢？要知道，这种奇妙的经典流布的地方，即是金刚之地；而能够受持此经典的人也如同金刚一样。所以听闻大乘经义而生信仰者，都会获得不可思议的功德利益。

原典

第四，次辨诸经宗旨不同者。若依《涅槃经》[①]，佛性为宗；若依《维摩经》[②]，不可思议解脱为宗；若依《般若经》，空慧为宗；若依《大集经》，陀罗尼[③]为宗。今此《观经》，以观佛三昧[④]为宗。若论所观，不过依正二报[⑤]，如下依诸观所辨。

若依《观佛三昧经》[⑥]云，佛告父王：“诸佛出世，有三种益，一者，口说十二部经，法施利益，能除众生无明暗障，开智慧眼，生诸佛前，早得无上菩提。二者，诸佛如来有身相光明，无量妙好。若有众生，称念观察，若总相，若别相，无问佛身现在过去，皆能除灭众生四重五逆[⑦]，永背三途[⑧]，随意所乐，常生净土，乃至成佛。三者，令劝父王行念佛三昧。”

父王白佛：“佛地果德，真如实相，第一义空，何因不遣弟子行之？”佛告父王：“诸佛果德，有无量深妙境界，神通解脱，非是凡夫所行境界，故劝父王行念佛三昧。”父王白佛：“念佛之功，其状云何？”佛告父王：“如伊兰[9]林，方四十由旬[10]，有一科牛头栴檀[11]，虽有根牙，犹未出土。其伊兰林唯臭无香，若有啖其花果，发狂而死。后时栴檀根牙渐渐生长，才欲成树，香气昌盛，遂能改变此林，普皆香美。众生见者，皆生希有心。”

佛告父王：“一切众生在生死中，念佛之心亦复如是，但能系念不止，定生佛前。一得往生，即能改变一切诸恶，成大慈悲，如彼香树改伊兰林。”所言伊兰林者，喻众生身内三毒[12]三障[13]，无边重罪。言栴檀者，喻众生念佛之心。才欲成树者，谓一切众生，但能积念不断，业道成辨也。

问曰：计一切众生念佛之功，亦应一切可知，何因一念之力，能断一切诸障，如一香树改四十由旬伊兰林，悉使香美也？

答曰：依诸部大乘，显念佛三昧功能不可思议也。何者？如《华严经》[14]云：“譬如有人，用师子筋以为琴弦，音声一奏，一切余弦悉皆断坏。”若人菩提心中行念佛三昧者，一切烦恼，一切诸障，悉皆断灭。亦如有人，构取牛、羊、驴、马一切诸乳，置一器中，若持师子乳一滴[15]投之，直过无难。一切诸乳悉皆破坏，变为清水。

若人但能菩提心中行念佛三昧者，一切恶魔诸障直过无难。又，彼经云：“譬如有人，持翳身药[16]，处处游行，一切余人不见是人。”若能菩提心中行念佛三昧者，一切恶神，一切诸障，不见是人，随所诣处，无能遮障也。何故能尔？此念佛三昧，即是一切三昧中王故也。

注释

①**《涅槃经》**：又称《大般涅槃经》《大涅槃经》等，大乘佛教重要经典之一，主要宣说佛身常住，涅槃常、乐、我、净以及一切众生悉有佛性等教义。此经通行的译本为北凉昙无谶所译的四十卷本。其教义对南北朝佛性学的形成和发展有直接影响，此外对中国佛教各派教义的发展也起过重大作用。

②**《维摩经》**：即《维摩诘经》，或称《维摩诘所说经》，大乘佛教的重要经典。有多种译本，较通行的是姚秦时鸠摩罗什所译的三卷本。主要内容是通过吠舍离城的维摩诘居士与文殊师利菩萨论议佛法，以敷衍大乘深妙教义。经中《佛国品》一篇专门论及大乘净土之义。

③**陀罗尼**：意为总持、能持、能遮等。意即能集种种善法，使之不散；能遮种种恶法，使不令生。今常以陀罗尼指咒语。

④**三昧**：一作三摩地，意为“定”，指心专注一境而不散乱的精神状态。《大智度论》卷五说：“善心一处住不

动而名三昧。”

⑤**依正二报：**即指依报和正报。佛家以由过去之业力而成现世有情个体之身心，为正报。而以有情众生生存所依之土，如山河大地等，为依报。

⑥**《观佛三昧经》：**即《观佛三昧海经》，简称《观佛经》，十卷，东晋佛驮跋陀罗译。主要讲如何观佛相好及观佛三昧之功德。

⑦**四重五逆：**为四重罪与五逆罪的合称。四重罪又名四波罗夷，是说出家比丘犯下杀、盗、淫、妄语四戒，乃极重之罪，故称四重罪。五逆罪又作五无间业。是说犯此五种罪者，将堕入无间地狱受苦，又因此五种罪逆于理法，故名。佛教各派有不同说法，一般常言之五逆为：一杀父、二杀母、三杀阿罗汉、四出佛身血、五破和合僧（离间僧众，使之废弃法事）。

⑧**三途：**一、火途，指地狱趣，以地狱为烈火所烧之处；二、血途，指畜生趣，以畜生互相撕食之故；三、刀途，指饿鬼趣，以饿鬼为刀剑逼近之故。

⑨**伊兰：**又作伊罗，一种长有美丽的花，但有恶臭气味的树，据说其恶臭可及四十里。经中多以此喻众生的烦恼。

⑩**由旬：**一译为“俞旬”“由延”等，古印度长度计量单位，以帝王一日行军路程为一由旬，约合四十里。

⑪**牛头栴檀：**又作赤栴檀。栴檀为一种香木树，因出自牛头山，故名。据说以此栴檀香涂身，入火坑而火不能烧。佛经中常将之比作为菩提。

⑫**三毒：**一、贪毒；二、嗔毒；三、痴毒。佛家认为此三者为一切烦恼之根本，故又名根本烦恼。以其能害众生，有如毒蛇，故称之为毒。

⑬**三障：**据《涅槃经》等说，即：一、烦恼障，指贪、嗔、痴等欲念之惑；二、业障，指五逆十恶之业；三、报障，指地狱、饿鬼、畜生等苦报。佛家认为这些是能障正道、有害善心者，故称为三障。

⑭**《华严经》：**全称《大方广佛华严经》，大乘佛教重要经典之一。有六十卷本（东晋·佛驮跋陀罗译）、八十卷本（唐·实叉难陀译）和四十卷本（唐·般若译）。主要讲佛陀的因行果德，如华庄严，广大圆满，无尽无碍。

⑮**滴：**滴水之意。

⑯**翳身药：**即隐身药。据古代印度相传，以水磨此药涂于眼睑，其身即隐，人不能见。

译文

第四，辨明佛教各部经典的宗旨不同。如《涅槃经》

是以佛性为宗，《维摩诘经》是以不可思议之解脱为宗，《般若经》是以“空”和“慧”为宗，《大集经》是以密咒真言为宗。现在我们所说的这部《观无量寿经》则是以观佛三昧为宗，如果谈到所观的对象，不过是依报和正报二种，就如以下依各种观法所辨明的那样。

如依《观佛三昧经》所说，佛告诉他的父王：“诸佛出世，有三种利益：一是口说十二部经，施舍佛法，利益众生，能使众生灭除无明暗障，打开智慧之眼，往生于诸佛之前，尽早获得无上智慧。二是诸佛如来身相有各种圆满光明美好之处，如有众生或总体、或个别具体地称念观察诸佛，不论是过去的，还是现在的佛，都能灭除众生四重五逆之罪，永远背弃火、血、刀三条受难之路，随意而得欢乐，常生佛国净土，乃至于成佛得道。三是劝令父王修行念佛三昧。”

这时父王对佛言道：“佛地果位德行，真如实相第一义空之理，为何不令弟子修行呢？”佛告诉父王说：“诸佛果位德行，有数不清的深妙境界和神通解脱，这不是凡夫所能达到的境界，所以劝父王行念佛三昧。”父王问佛：“念佛之功，其相状怎样呢？”佛告诉父王：“就如一片方广四十由旬的大伊兰林中，有一棵牛头栴檀树。此树虽有根芽，但尚未出土。此伊兰林中唯有伊兰花发出奇臭无比的气味，如有谁吃了此伊兰花果，必发狂癫而死。然而栴檀树慢慢发芽长枝，渐渐长成一棵小树苗，香气飘溢四方，改变了此伊兰林中的气味，使林中充满栴檀树的香甜之气。众生见此都觉得稀有奇妙。”

佛告诉父王：“一切众生在生死之中，念佛之心同样如此。只要能一心系念不止，定能生于佛前。一旦得到往生，即能改变一切诸恶，成就无上大慈悲之心。就如栴檀香树能改变伊兰林的气味一样。”所谓伊兰林便是比喻众生体内具有的贪嗔痴三毒、三障等无边罪过。所谓栴檀树即比喻众生的念佛之心。才欲长成树苗者，是喻众生但能念佛不断，积累功德，成就诸善业道也。

问：算计一切众生的念佛功德，也应一切可知，为何因一念之力，便能断除一切障碍，如一棵栴檀树能改变四十由旬之大的伊兰林，使林中飘溢香美之味呢？

答：按诸部大乘佛典所说，念佛三昧之功能不可思议。为何这样说呢？如《华严经》中说：“譬如有人用狮子筋作琴弦，当其音声一奏出，其余一切琴弦都将断坏。”如人以无上智慧之心修行念佛三昧，那么一切烦恼，一切诸障都将断灭。也如同有人将牛、羊、驴、马各种乳放在同一容器中，再放入一滴狮子乳，狮子乳便能穿透其他各种乳，使它们遭到破坏而成清水。

如有人以无上智慧之心修行念佛三昧，便能毫不费力地穿透一切恶魔诸障。《华严经》中还说：“譬如有人持隐身之药到处行走，所有其他人都看不见此人。”如能以无上智慧之心行念佛三昧者，一切恶神诸障，也同样找不到此人。他便能随意行处，无人能阻。为何能这样呢？因为此念佛三昧是一切三昧禅定之王也。

原典

第七，略明三身三土义。

问曰：今现在阿弥陀佛是何身？极乐之国是何土？

答曰：现在弥陀是报佛[①]，极乐宝庄严国是报土。然古旧相传，皆云阿弥陀佛是化身，土亦是化土，此为大失也。若尔者，秽土[②]亦化身所居，净土亦化身所居者，未审如来报身，更依何土也？今依《大乘同性经》辨定报化、净秽者。经云：“净土中成佛者，悉是报身；秽土中成佛者，悉是化身。”彼经云，阿弥陀如来、莲华开敷星王如来、龙主王如来、宝德如来等诸如来，清净佛刹现得道者、当[③]得道者，如是一切皆是报身佛也。

何者如来化身？由如今日踊步健如来、魔恐怖如来，如是等一切如来，秽浊世中，如现成佛者、当成佛者，从兜率[④]下，乃至住持一切正法，一切像法，一切末法，如是化事，皆是化身佛也。何者如来法身？如来真法身者，无色、无形、无现、无着、不可见、无言说、无住处、无生无灭，是名真法身义也。

注释

①**报佛**：即报身佛，大乘佛教所说的三身佛之一（另外两身是法身和应身）。它是以人所具有的真如本性，即佛性为依据，经过修习实证而成的佛果之身。是为酬报修行者的修行功德，使之享受佛的境界而成之身，因而称为报身。

②**秽土**：是相对于净土而言。佛家以佛所成就的国土为净土，而以凡夫所居之世为秽土。秽土由瓦砾、土石等和合而成，此国土中充满各种烦恼污浊，因而称秽土，如我们现在所居之世。

③**当**：应该、将要的意思。

④**兜率**：即兜率天。佛家所说的六欲天之一，据说此天有内外两院，外院为欲界天的一部分，居住在这儿的天众彻体光明，照耀世界。内院则是弥勒寄居和说法之处，也就是通常所说的“弥勒净土”，或称“兜率净土”。

译文

第七，阐明三身三土之义。

问：今在西方净土说法的阿弥陀佛是何种佛身？极乐国土是什么国土？

答：现在西方净土说法的阿弥陀佛是报身佛，极乐世界庄严国土是报土。然而自古以来相传，都说阿弥陀佛是化身佛，其教化的国土也是化土，这是很大的错误。如果真是那样，则秽土也是化身佛所居之处，净土也是化身佛所居之处，却不知如来的报身该居于何种国土呢？现在我们依据《大乘同性经》，分辨确定报身和化身、净土和秽土。经中说："在净土中成佛的都是报身佛，在秽土中成佛的都是化身佛。"此经中还说到，阿弥陀如来、莲花开敷星王如来、龙主王如来、宝德如来，以及已经在清净佛刹得道的和将要得道成佛的，所有这些都是报身佛。

那么什么是如来化身呢？如所谓踊步健如来、魔恐怖如来等所有在秽浊恶世中，已经成佛或将要成佛者，他们显现了从兜率天宫降世，住持一切正法、像法、末法等事相，这些都是化身佛。那么如来的法身又是什么呢？如来的真实法身无色无形、无所示现也无所依着、不可见也无言说、无住处、无生灭变化，这才是真法身之义。

原典

问曰：如来报身常住，云何《观音授记经》云，阿弥陀佛入涅槃后，观世音[①]菩萨次补佛处也?

答曰：此是报身示现隐没相，非灭度也。彼经云，阿弥陀佛入涅槃后，复有深厚善根众生，还见如故，即其证也。

又《宝性论》云，报身有五种相：说法及可见、诸业不休息及休息隐没、示现不实体，即其证也。

注释

①**观世音：**俗称观音，是西方极乐净土阿弥陀佛身边的上首菩萨，与大势至菩萨一起为阿弥陀佛的二大胁侍菩萨。在中国佛教中，观世音菩萨几乎是家喻户晓。在一般民众心目中，他是一位大慈大悲、救苦救难的大菩萨。中国民间流传着许多有关这位菩萨的故事，并成为小说、戏曲表现的题材。在大乘佛教典籍中，有许多关于观世音菩萨的经典，其中最著名的是《妙法莲华经》中的《观世音菩萨普门品》，常被单独印行流通。

译文

问：如说阿弥陀佛当为报身佛，那么如来的报身应当常住不灭，但为什么《观音授记经》中说，阿弥陀佛入于涅槃后，观世音菩萨相继补住佛位呢？

答：这儿所谓涅槃，只是指报身佛所显示的隐没状态，并非是真的灭度。这经中还说到阿弥陀佛入于涅槃后，还有善根深厚的众生，仍能像以前那样见到阿弥陀佛，这就是说明了阿弥陀佛并非真的灭度。

另外，《宝性论》中说到，报身佛可显示五种状态：为众生说法的说法相、摄化众生相好的可见相、度化有情的诸业不休息相、随缘示现入灭的休息隐没相、以不恒久长住的报身示现不实体相。这就是一个证明。

原典

问曰：释迦如来报身报土在何方也？

答曰：《涅槃经》云："西方去此四十二恒河沙佛土，有世界，名曰'无胜'，彼土所有庄严，亦如西方极乐世界，等无有异。我于彼土出现于世，为化众生故，来在此娑婆国土[①]，但非我出此土，一切如来亦复如是。"即其证也。

注释

①**娑婆国土：**又作娑婆世界，或译作索诃、娑诃等，

意为“堪忍”，即指我们现在所居住的世界。佛家认为我们众生所居的世界充满苦难、罪孽深重，因此称为“堪忍”。而佛、菩萨在此世界以无畏和慈悲精神忍受劳累，教化众生，因此为名。

译文

问：释迦如来的报身报土又在何方呢？

答：《涅槃经》说：“距离这儿四十二恒河沙那样多佛国土的西方，有个叫作‘无胜世界’的地方，那儿一切庄严景象如同极乐世界，我（即释迦牟尼佛）的国土就在那儿。我只是为了教化众生而来到此娑婆世界，这儿并非我的国土。一切如来也是这样。”这就是一个证明。

原典

问曰：《鼓音经》云，阿弥陀佛有父母，明知非是报佛报土也？

答曰：子但闻名，不究寻经旨，致此疑，可谓错之毫毛，失之千里。然阿弥陀佛亦具三身，极乐出现者，即是报身。今言有父母者，是秽土中示现化身父母也。亦如释迦如来，净土中成其报佛，应来此方，示有父母，成其化佛。阿弥陀佛，亦复如是。

又如《鼓音声经》云："尔时阿弥陀佛与声闻众[①]俱，国号'清泰'。圣王所住，其城纵广十千由旬。阿弥陀佛父是转轮圣王[②]，王名月上。母名殊胜妙颜，魔王名无胜，佛子名月明，提婆达多[③]名寂意，给侍弟子名无垢称。"又，上来所引，并是化身之相，若是净土，岂有轮王及城女人等也？此即文义炳然，何待分别？皆不善寻究，致使迷名生执也。

注释

①**声闻众：**即声闻弟子，意为由听闻佛陀言教而觉悟者，原指佛在世时弟子，后一般指以遵佛的说教修行，唯追求自我解脱的修行者。

②**转轮圣王：**又作转轮王、轮王等。古代印度神话中的圣王。据说当此王即位时，便由天感得轮宝（古代印度的一种兵器），此王即转动轮宝而降伏四方，故称转轮王。轮宝有金、银、铜、铁四种，故转轮王也相应有金轮王、银轮王、铜轮王和铁轮王四种。

③**提婆达多：**又作地婆达多、调达等。据《佛本行经》和《大毗婆沙论》等记载，是释迦牟尼佛的堂兄弟，后随释迦佛出家，修习神通。又曾另立僧团，与佛陀对

抗，因此佛经中常将他作为恶友的代表。

译文

问:《鼓音经》说，阿弥陀佛有父母，可明知其不是报佛报土?

答：你只是看到了表面文句，而没有深究经文的义旨，所以会产生这种疑问，真可谓差之毫厘，失之千里。要知道阿弥陀佛也具有三种佛身，在极乐国土出现的便是报身。现在所说有父母者，是在秽土中示现化身佛的父母。就如释迦如来，在净土中成就报身佛，但他来此方世界则示现有父母，成就为化身佛。阿弥陀佛也是这样。

又如《鼓音声经》说:“那时阿弥陀佛与诸声闻弟子们在一起，其国号称为‘清泰’。圣王所住之城，宽广有一万由旬。阿弥陀佛的父亲为转轮圣王，名叫月上，母亲名殊胜妙颜。另有魔王名无胜，儿子名月明，有堂兄弟名寂意，阿弥陀佛的给侍弟子名无垢称。”但上面所引，都是化身之相。如果是净土，怎会有转轮王及城中女人等呢？此文意思已经很明显了，又何待你去分别呢？都是因为不善于究寻经文的义旨，致使迷惑于表面文句而产生错误的看法啊！

原典

问曰：若报身有隐没休息相者，亦可净土有成坏事？

答曰：如斯难者，自古将今，义亦难通。虽然，今敢引经为证，义亦可知。譬如佛身常住，众生见有涅槃。净土亦尔，体非成坏，随众生所见，有成有坏，如《华严经》云："由如见导师，种种无量色，随众生心行，见佛刹亦然。"是故《净土论》[①]云："一质不成故，净秽有亏盈。异质不成故，搜原则冥一。无质不成故，缘起则万形。"[②]故知若据法性净土，则不论清浊；若据报化大悲，则非无净秽也。

又，泛明佛土，对机感不同，有其三种差别：一者从真垂报，名为报土。犹如日光照四天下，法身如日，报化如光。二者无而忽有，名之为化。即如《四分律》[③]云，锭光如来，化提婆城与拔提城相近，共为亲婚往来。后时忽然化火烧却，令诸众生，睹此无常[④]，莫不生厌，归向佛道也。是故经云："或现劫火[⑤]烧，天地皆洞然，众生有常想，照令知无常。或为济贫乏，现立无尽藏[⑥]，随缘广开导，令发菩提心。"三者隐秽显净。如《维摩经》，佛以足指按地，三千刹土，莫不严净。

今此无量寿国，即是从真垂报国也。何以得知？依《观音授记经》云："未来观音成佛，替阿弥陀佛处。"故知是报也。

注释

①**《净土论》**：亦称《往生论》，全名《无量寿经优波提舍愿生偈》，古印度世亲依《无量寿经》义所作的赞颂西方极乐净土的著作。北魏菩提流支译，是净土宗的基本论著。

②**一质不成故……缘起则万形**：指净土与秽土的关系，在本质上有三种不同。即：(一)净秽两土由净秽二业，令其自心变现作净秽相，心净土净，心秽土秽，各由自心，心既有殊，土宁称一？如佛未以足趾按地，秽盈而净亏；佛以足趾按地，净盈而秽亏，故云“一质不成故，净秽有亏盈”。(二)虽复净秽两心现净秽二土，心有两体，土成二相，然同处同时，不相障碍，不可言有净处无秽、有秽处无净。别处而现，而有障碍。以同处同时现净秽故，故云“异质不成故，搜原则冥一”。(三)此净秽二业，因缘差别，变现种种棘林、琼树、瓦砾、珠玑，从缘所生，依他起性，方成土相，不同于彼空花、龟毛、兔角，遍计所执性情有体无，无形质体，故云“无质不成故，缘起则万形”。

③**《四分律》**：记载佛教戒律的著作，是中国佛教史

上最有影响的一部戒律，也是唐代律宗依据的根本典籍。

④**无常**：佛教用语。佛家认为世界上一切事物现象都是因缘和合而成，所以一切事物现象都是刹那生灭流转，处于不断地变化之中，此即称为无常。

⑤**劫火**：佛家所说坏劫末期出现的三大灾之一的火灾。佛家认为，世界不断在成、住、坏、空四劫中循环变化。到坏劫来临时，有火灾、水灾和风灾三大灾毁灭世界。其火灾起时，有七个太阳并出，焚烧此世界，自地狱直到天宫均被烧成灰烬，然后便进入空劫。

⑥**无尽藏**：即无穷无尽的财富宝藏。如《探玄记》十九说："出生业用无穷，故曰无尽藏。"

译文

问：如你所说，报身有随机感而示现入灭的"隐没休息相"，那么净土是否也有成劫、坏劫之变迁呢？

答：那样的责难，自古至今，其义难通。虽然如此，我现在也试引经典为证，略加解释，那么，亦可知其大概之义了。譬如说，佛身是常住的，但从众生角度来看，却有涅槃之相。净土也是这样，其本体决无成坏之变，但从众生角度看起来，却有成有坏。如《华严经》所说："如同见诸佛导师，因随众生心念变化而显无量之色身。看佛国刹土也是这样。”所以《净土论》说：“一质不成故，净秽有亏盈。异质不成故，搜原则冥一。无质不成故，缘起则万形。”所以由此可知，若从法性净土角度来看，则没有什么清浊之分；若从报土化土而言，才有秽净之别。

又，泛言佛土，因所对众生的根机感应不同，所以有三种差别：一是从修真而得的果报而言，名为报土。如同阳光照耀四方，诸佛法身就如太阳，所得报土有如阳光。二是从无忽然而有，名为化土。即如《四分律》中所说，锭光如来变化显现提婆城与拔提城，两城相近，互通婚配。后来忽然化现大火烧毁此二城，这是为使众生能看到世事无常，从而生厌离之心，归向佛道。所以经中说：“或是为了使众生洞察了然世事之无常，而化现劫火烧毁一切，除去众生本来具有的世事恒常之想，让他们明白世事无常的道理。或是为了济度贫乏者，因而化现无尽宝藏，随众生之因缘而加以开导，令他们都能发无上菩提之心。”三是隐秽显净，如《维摩诘经》所说，佛以足趾按地上，使三千佛刹国土无不庄严清净。

现今此无量寿国，就是其中第一种从修真而得之果报国土。何以能知呢？按《观音授记经》说：“未来世观音菩萨将成佛，以接替阿弥陀佛之位。”所以知是报土也。

原典

第八，明弥陀净国，位该上下，凡圣通往者。今此无量寿国，是其报净土，由佛愿故，乃该通上下，致令凡夫之善，并得往生。由该上故，天亲[①]、龙树[②]，及上地菩萨，亦皆生也。是故《大经》云，弥勒菩萨问佛："未知此界，有几许不退菩萨[③]，得生彼国？"佛言："此娑婆世界，有六十七亿不退菩萨，皆当往生。"若欲广引，余方皆尔。

问曰：弥陀净国，既云位该上下，无问凡圣，皆通往者，未知唯修无相得生？为当凡夫有相，亦得生也？

答曰：凡夫智浅，多依相求，决得往生。然以相善力微，但生相土，唯睹报化佛也。是故《观佛三昧经·菩萨本行品》云，文殊师利[④]白佛言："当知我念过去无量劫数为凡夫时，彼世有佛，名宝威德上王如来。彼佛出时，与今无异。彼佛亦长丈六，身紫金色，说三乘法[⑤]，如释迦文。尔时彼国有大长者，名一切施，长者有子，名曰戒护。子在母胎时，母以敬信故，预为其子受三归依[⑥]。子既生已，年至八岁，父母请佛，于家供养。童子见佛，为佛作礼，敬佛心重，目不暂舍。一见佛故，即得除却百万亿那由他[⑦]劫生死之罪。从是以后，常生净土，即得值遇百亿那由他恒河沙佛。是诸世尊，亦以相好度脱众生。

“尔时童子一一亲侍，间无空缺，礼拜供养，合掌观佛。以因缘力故，复得值遇百万阿僧祇[⑧]佛，彼诸佛等，亦以色身相好，化度众生。从是以后，即得百千亿念佛三昧门，复得阿僧祇陀罗尼门。既得此已，诸佛现前，乃为说无相法。须臾之间，得首楞严三昧[⑨]。时彼童子，但受三归，一礼佛故，谛观佛身，心无疲厌。由此因缘，值无数佛，何况系念，具足思惟，观佛色身？时彼童子，岂异人乎，是我身也。”

尔时世尊赞文殊言：“善哉善哉，汝以一礼佛故，得值无数诸佛，何况未来我诸弟子，勤观佛者，勤念佛者？”佛敕阿难：“汝持文殊师利语，遍告大众及未来世众生，若能礼佛者，若能念佛者，若能观佛者，当知此人与文殊师利，等无有异。舍身他世，文殊师利等诸菩萨，为其和上[⑩]。”以此文证，故知净土该通相土，往生不谬。若知无相离念为体，而缘中求往者，多应上辈生[⑪]也。

是故天亲菩萨论云，若能观二十九种庄严清净[⑫]，即略入一法句。一法句者，谓清净句。清净句者，即是智慧无为法身故。何故须广略相入者？但诸佛菩萨有二种法身：一者法性法身，二者方便法身。由法性法身故，生方便法身；由方便法身故，显出法性法身。此二种法身异而不可分，一而不可同，是故广略相入。菩萨若不知广略相入，则不能自利利他。无为法身者，即法性身也。法性寂灭故，即法身无相也。法身无相故，则能无不相。是故相好庄严，即是法身也。法身无知故，则能无不知。是故一切种智[13]，即是真实智慧也。

虽知就缘观总别二句，莫非实相也。以知实相故，即知三界众生虚妄相也。以知三界众生虚妄故，即起真实慈悲也。以知真实慈悲故，即起真实归依也。今之行者无问缁素[14]，但能知生无生不违二谛者，多应落在上辈生也。

注释

①**天亲：**又作世亲，音译名婆薮槃豆等。古代印度大乘佛教瑜伽行派创始人之一。先学小乘，后随其兄改习大乘教义。所作《大乘庄严经论释》《十地经论》《大乘百法明门论》《二十唯识论》《唯识三十论颂》等，都是大乘佛教的重要论著。另外还有《净土论》一书，则是专门弘扬净土教义的著作，为中国佛教净土宗依据的主要论著之一。

②**龙树：**一作龙猛、龙胜等。古代印度大乘佛教中观学派的创始人之一。相传他曾从“大龙菩萨”得“方

等深奥经典”，后大力弘扬中观学派教义。所作论著很多，有“千部论主”之称。其中如《中论》《十二门论》《大智度论》等，都是大乘中观学派的重要论著。此外，他在《十住毗婆沙论》中，阐述难行道、易行道之说，后经昙鸾、道绰、善导诸师的发挥，成为净土教义的重要内容。

③**不退菩萨：**梵语阿毗跋致，意为不退、不退转。指修行精进，善根功德不断增进而决不退失。不退菩萨是指已经修习到一定的阶位，其善根功德不再退转的佛教行者。按净土教义说，在我们这个世界修行，由于烦恼和各种无明业火的影响，修行不易，所修得的功德也不易巩固，容易产生退失回转之意。但若往生西方净土，一经往生，就得不退转位，可使修行功德善根不断增长，直到修成佛道，所以众生应当发愿往生。

④**文殊师利：**即文殊菩萨。

⑤**三乘法：**指声闻乘、缘觉乘和菩萨乘。声闻乘即小乘，因以闻佛陀之声教而得悟四谛之理。缘觉乘又名独觉或辟支佛乘，因以感飞花落叶等自然现象，而悟十二因缘之理。菩萨乘又称大乘，以无数劫之时间修六度万行，使功德增长而证无上智慧。

⑥**三归依：**即皈依佛、法、僧。表示以佛为师，以法为药，以僧为友，是信佛者的最基本信仰要求。

⑦**那由他：**又译作那由多、那述等。古印度计数单位，有多种不同说法，一说当千万，一说为亿，也有说为十万者。

⑧**阿僧祇：**意为无央数，表示时间之久远，无法以数计算。

⑨**首楞严三昧：**佛教所修诸三昧禅定中的一种，意为健行三昧、勇伏定等。据说修此三昧禅定，能使行者性坚固而诸魔不能侵。

⑩**和上：**即和尚。本意为亲教师，是对师父的称呼。中国佛教中一般为对师长的尊称，民间一般作为僧人的统称。

⑪**上辈生：**是往生净土者的等级之一。据《无量寿经》等说，往生净土者按其业力和修行功德，可分为上、中、下三类。其上辈生者，多为弃家离欲，发无上大心，一心专念无量寿佛者，此辈往生时，有阿弥陀佛和诸大菩萨亲来接引，一旦往生即从莲花化生，得不退转位。

⑫**二十九种庄严清净：**按世亲《净土论》说，极乐国土的庄严功德有十七种，如来的庄严功德有八种，菩萨的庄严功德有四种，合起来共二十九种。此二十九种亦称为二十九句，这是广而言之，有二十九种庄严清净功德。但若略而说之，则可概括为一种，即后文所谓“一法句”。二十九句和一法句，虽有广略之别，但两者又相

即相入，一法句即二十九句，二十九句即一法句，如能悟此广略相入之理，即能知差别即平等、平等即差别的佛法妙理。

⑬**一切种智**：指能把握世界一切现象的“空性”本质，又能洞察一切事物的因果、体性等无所不知的智慧和认识能力。

⑭**缁素**：僧俗之别称。缁，黑衣，为僧众之服；素，白衣，为俗家之服，故以缁素称僧俗。

译文

第八，明阿弥陀佛清净国土之果位包容上下，凡夫圣人均得往生此土。今此无量寿国是垂报阿弥陀佛功德之净土。由于阿弥陀佛宏大誓愿力的缘故，所以它包容通达上下，致令凡夫之善，也能获得往生。由于通上之故，使天亲、龙树以及修行达到一定阶位的各种菩萨都得往生其处。所以《大经》说，弥勒菩萨问佛：“未知此娑婆世界有多少获得智慧，达到不退转果位的菩萨，得以往生极乐国土？”佛告诉弥勒菩萨：“此世界有六十七亿这样的不退转菩萨，都将往生西方极乐。”如果更加广引各部经典，则可知其余诸方世界也是这样。

问：既说阿弥陀佛清净国土果位包容上下，不论凡夫圣人均得往生此土，不知是唯有修习至高至上的无相真理，才能得到往生呢？还是以凡夫所做之念佛名号、观佛相好等事，也能往生其国？

答：凡夫的智慧浅显，所以大多依靠念佛观相等有形相之功德而求极乐，定能得到往生。然而依相而求往生，功力轻微，所以只能生有相之净土，只见化身阿弥陀佛。因而《观佛三昧经·菩萨本行品》中说，文殊师利菩萨对佛言：“要知道我于过去无数劫前，还是凡夫之时，当时有佛名宝威德上王如来。其佛在世时与现在的佛一样，也是身长一丈六，身为紫金色，说三乘佛法，像释迦牟尼佛一样。那时其国有一位叫作一切施的长者，儿子叫戒护。当其子在母胎时，母因敬信佛法的缘故，预先为其子受了皈依佛、法、僧三宝的三归依法。儿子诞生后，八岁时，父母恭请佛陀在家供养。此童子见佛后即为行礼。因心中敬重佛，所以双目凝视，不离佛身。由此一见佛故而得以除灭百千万亿无数劫生死之罪。自此以后常生诸佛净土，能遇见如千百亿恒河沙那样多的佛陀。这些佛世尊都以自身美妙的形相来济度众生。

“那时戒护童子一一亲自侍奉这许多佛，从不间断，礼拜供养，合掌观佛。由于因缘力的作用，又得遇无数佛，那些佛亦以美妙的色身形相来度化众生，故而此后即得百千亿念佛三昧法门，又得无数咒语真言法门。既得这些法门，诸佛又出现在他面前，为他说至高至精的无相之义，他便于须臾间得首楞严三昧（谓能健步向前，迅速得道的禅定三昧）。当时那童子只因受了三归之法，曾一度礼佛，并凝视洞观佛身而心无厌倦之情。仅由此因缘，便值遇无数佛，更何况一心系念，全心全意地思维观察佛的色身呢？当时那位童子岂是别人，就是我的前生啊！”

这时佛世尊称赞文殊菩萨说：“善哉善哉，你以一度礼佛的缘故，便得遇见无数诸佛，何况将来我诸弟子勤于观佛念佛呢？”佛又敕谕弟子阿难：“你将文殊师利的这些话语遍告大众，以及未来世的众生。如有能礼佛、念佛及观佛者，当知此人即与文殊师利一样，当其来生转世时，文殊师利等诸菩萨即成为其亲教师。”以此经文可以证明，净土与有相之土相通，得以往生是绝对无误的。如果懂得以无相离念（摒弃语言形相而存在的最高真理）为本体而求往生净土者，必然是上品往生人。

所以天亲菩萨的《净土论》说，假如能洞察极乐国土阿弥陀佛，以及观世音等菩萨的二十九种庄严清净功德，就能懂得这许多庄严功德，可简略归结为具有无上智慧的清净无为的诸佛法身。为什么要从广义、约略两方面论述呢？因为，诸佛、菩萨具有两种法身，一种称为“法性法身”，另一种称为“方便法身”。因法性法身的缘故而显出方便法身，因方便法身的缘故而显出法性法身，这两种法身有区别，但不可截然分开，虽一体而又有差别，所以要从广略两方面讲述。作为一个菩萨，假如不知道广略相入的道理，则不可能发挥自利、利他的精神。无为法身就是法性身，因为法性寂灭，所以不能以各种形相来看待法身。由于法身无相的缘故，则能神通变化无固定的相貌，所以佛的各种相好庄严就是法身的体现。法身已不受知识之限制，所以能无所不知，因而佛的圆明之智，即是真实无假之智慧。

虽然知晓从缘起观、总相别相等角度来看待此广略二句，都体现了世事万物之最高真理。领悟此终极真理，就可理解所谓三界众生，实际上是虚妄不实的现象。理解三界众生都是虚妄不实的现象，就能产生真实慈悲之心。懂得了真实慈悲，才能发起真实皈依佛法之心。现在修行佛道者，无论是僧是俗，只要能懂得世事万物的生灭和无生灭之理并不违背真俗二谛，多应是上品往生者。

原典

第九，明弥陀净国三界摄与不摄。

问曰：安乐国土，于三界中何界所摄？

答曰：净土胜妙，体出世间。此三界者，乃是生死凡夫之暗宅，虽复苦乐少殊，修短有异，统如观之，莫非有漏之长津，倚伏相乘，循环无际。杂生触受[①]，四倒[②]长沟，且因且果，虚伪相习，深可厌也。是故净土非三界摄。又，依《智度论》云：“净土果报，无欲故，非欲界；地居故，非色界；有形色故，非无色界。”虽言地居[③]，精胜妙绝，是故天亲《论》云：“观彼世界相，胜过三界道，究竟如虚空，广大无边际。”

是故《大经》赞云：妙土广大超数限，自然七宝所合成，佛本愿力庄严起，稽首清净大摄受。世界光耀妙殊绝，适悦晏安无四时，自利利他力圆满，归命方便巧庄严。

注释

①**杂生触受：**杂生即混杂而生，佛家以众生受生方式，有胎生、卵生、湿生、化生四类，我们所居的娑婆世界，以地狱、饿鬼、畜生、人、天五趣共居，四生杂处，故而称为杂生世界。触，在这儿指烦恼不净，即所谓“触污”者。受指对所触之境的领纳。杂生触受即指娑婆世界众生及其所居之处的污秽不净。

②**四倒：**指众生所具有的四种颠倒妄见。佛家视生

命流转、生灭变化为无常、苦、无我、不净。但凡夫贪着于生命，以为是常、乐、我、净，故而为四颠倒妄见。

③**地居：**即居于土地之意。佛家以欲界六天中，四王天和忉利天，因居于须弥山，故称之地居天，自此以下即为地居。六欲天中的其余四天，以及欲界以上的色界、无色界，都为空居。

译文

第九，辨明阿弥陀佛国土是否属于三界范围之内。

问：安乐国土在欲界、色界、无色界此三界中，属于哪一界？

答：清净国土，殊胜奇妙，超出世间。所谓欲界、色界、无色界乃是生死凡夫所居之黑暗住处。虽然其中有苦乐、长短之区别，但统而观之，仍然是具有烦恼、处在无休止的生死轮回之途。祸福相倚，不断循环。与畜生、饿鬼共居之世，受污秽浊垢熏染之气。因果报应不断，虚假伪妄相习，这是深可厌离的世界。所以净土并不属这样的三界。又，依据《大智度论》云："生于净土之众生，因无欲，所以非欲界。因居于地，所以非色界。因有形相色身，所以又非无色界。"虽然说是居于地，但却精胜妙绝，所以天亲的《论》中说："观察净土相状，胜过三界之道。究竟有如虚空，广大而无边际。”

所以《大经》称赞净土说：净土之神妙，广大而不可以数计。其土由各种自然宝物合成。以佛的誓愿力而起之功德庄严，故而应当稽首礼拜、信奉接受此清净国土。清净国土光芒照耀真奇妙，居于净土的众生心情宁静、舒适安乐，没有四时之分。以自利利他之力功德圆满，应当归命此方便善巧庄严国土。

原典

第二大门中，有三番料简：

第一，明发菩提心。

第二，破异见邪执。

第三，广施问答，释去疑情。

就初发菩提心，内有四番：一出菩提心功用，二出菩提名体，三显发心有异，四问答解释。

第一出菩提心功用者。《大经》云：“凡欲往生净土，要须发菩提心为源。”云何？菩提者，乃是无上佛道之名也。若欲发心作佛者，此心广大，遍周法界①；此心究竟，等若虚空；此心长远，尽未来际；此心普备，离二乘障②。若能一发此心，倾无始生死有沦，所有功德回向菩提，皆能远诣佛果，无有失灭。譬如寄花五净③，风日不萎；附水灵河[4]，世旱无竭。

第二出菩提名体者。然菩提有三种：一者法身菩提，二者报身菩提，三者化身菩提也。言法身菩提者，所谓真如实相，第一义空，自性清净，体无秽染，理出天真，不假修成，名为法身。佛道体本，名曰菩提。言报身菩提者，备修万行，能感报佛之果。以果酬因，名曰报身；圆通无碍，名曰菩提。言化身菩提者，谓从报起用，能趣万机，名为化身；益物圆通，名曰菩提。

第三显发心有异者。今谓行者修因发心，具其三种：一者要须识达有无，从本已来自性清净。二者缘修万行，八万四千诸波罗蜜[5]门等。三者大慈悲为本，恒拟运度为怀。此之三因，能与大菩提相应，故名发菩提心。又据《净土论》云，今言发菩提心者，即是愿作佛心。愿作佛心者，即是度众生心。度众生心者，即摄取众生生有佛国土心。今既愿生净土，故先须发菩提心也。

第四问答解释者。

问曰：若备修万行，能感菩提，得成佛者，何故？《诸法无行经》云，“若人求菩提，即无有菩提。是人远菩提，犹如天与地”。

答曰：菩提正体，理求无相，今作相求，不当理实，故名人远也。是故经言，菩提者，不可以心得，不可以身得也。今谓行者虽知修行往求，了了识知理体无求，仍不坏假名，是故备修万行，故能感也。是故《大智度论》云："若人见般若，是则为被缚[⑥]；若不见般若，是亦为被缚。若人见般若，是则为解脱；若不见般若，是亦为解脱。"龙树菩萨释曰："是中不离四句者为缚，离四句者为解。"今祈菩提，但能如此修行，即是不行而行。不行而行者，不违二谛大道理也。

又依天亲《净土论》云："凡欲发心会无上菩提者，有其二义：一者先须离三种与菩提门相违法，二者须知二种[⑦]顺菩提门法。"何等为三？一者依智慧门[⑧]，不求自乐，远离我心贪着自身故。二者依慈悲门，拔一切众生苦，远离无安众生心故。三者依方便门，怜愍一切众生心，远离恭敬供养自身心故，是名远离三种菩提门相违法。

顺菩提门者，菩萨远离如是三种菩提门相违法，即得三种随顺菩提门法。何等为三？一者无染清净心，不为自身求诸乐故。菩提是无染清净处，若为自身求乐，即违菩提门。是故无染清净心，是顺菩提门。二者安清净心，为拔一切众生苦故。菩提安稳一切众生清净处，若不作心拔一切众生离生死苦，即便违菩提。是故拔一切众生苦，是顺菩提门。三者乐清净心，欲令一切众生得大菩提故，摄取众生生彼国土故。菩提是毕竟常乐处，若不令一切众生得毕竟常乐者，则违菩提门。此毕竟常乐，依何而得？要依大义门。大义门者，谓彼安乐佛国是也。故令一心专至，愿生彼国，欲使早会无上菩提也。

注释

①**法界：**指宇宙间一切事物或一切诸法的本体。

②**二乘障：**二乘指声闻乘和缘觉乘。大乘佛教认为此二乘人唯求自利，障蔽了回向大乘，追求无上智慧功德的成佛之性，因此称为二乘障。

③**寄花五净：**五净指五净天，即色界第四禅中无烦天、无热天、善现天、善见天、色究竟天五者，这是圣者所居之天，世界大风灾也吹不到此天，故将花寄于此处，能恒常而不枯萎。

④**附水灵河：**灵河指有神龙所居之河川，因龙的神通力故，即使遇大旱之时，此灵河之水也不会干竭。

⑤**波罗蜜：**或作波罗蜜多，意为到彼岸，度无极，或简称为度。指大乘菩萨所修之行。佛家认为菩萨所修之大行，能从生死此岸到达涅槃的彼岸，故名。这种修行之实践有多种，或概括为六波罗蜜（六度），或有作十波罗蜜。这儿所谓八万四千波罗蜜门，是泛指当修的法门众多。

⑥**缚：**指一切烦恼。佛家认为烦恼能使人的身心受

到限制，不得自在，因此称为缚。

⑦**二种**：原文如此。据下文之意看，此“二”当为“三”之误。

⑧**智慧门**：以懂得和把握诸法实相，即至高之理为智慧门，在某种程度上与“般若”同义。入于智慧门，则不厌生死，不乐涅槃。

译文

第二大门中，可分为三部分论说。

一、明发无上菩提大心。

二、破各种异见邪执。

三、以广泛的问答解释各种疑问。

第一，发无上菩提大心中，可分四点解释：（一）明菩提心之功用；（二）说菩提的名相和本体；（三）论证各人发心有不同；（四）以问答解释各种问题。

（一）所谓发菩提心之功用者，据《大经》说：“凡欲往生净土者，都要以先发菩提心为根源。”什么是菩提呢？即是无上佛道之名。如果想发心成佛的人，所发心愿必定广大周遍，包容宇宙一切事物。此心达到极至时，则与虚空一样。此心长远，一直延伸至未来。此心普备，远离声闻、缘觉两乘人仍然残留的诸障。如能一发此心，就能解脱无始以来的生死轮回，所有功德都转向无上智慧，皆能到达佛的果位，绝不失灭。譬如将花送至色界五重净居天处后，世界上任何大风都吹不到那儿，故此花永不枯萎。好像神龙居住之灵河，即使遇上大旱之年，河中之水仍不干竭。

（二）说菩提之名相实体。所谓菩提者有三种：即法身菩提、报身菩提、化身菩提。法身菩提就是佛法的至高至极之真理本体。其自性清净无染污秽垢，其理出于天然真实，不凭借修习而成，故称为法身。以佛法之道能契合此真理本体，故称为菩提。所谓报身菩提者，备修各种功德而获得报佛之果，以此果位酬报所修之功德，因而称之为报身。因功德圆满通达而无任何障碍，故名为菩提。所谓化身菩提者，是因成佛的果报而产生各种功用，这些功用能通向任何根机，所以称为化身。因有益于事物圆满通达而名为菩提。

（三）说明各种发心有不同。现在所说的修行者发心有三种：一是能通达事物之有无，从根本上来讲是自性清净。二是缘于修习各种法门，包括八万四千各种能通达到涅槃彼岸的方法。三是以大慈大悲之心为本，以恒常发运载有情众生，济渡生死海，到达涅槃彼岸之心为怀。此三种发心能与大菩提相应，所以名为发菩提心。又，依据《净土论》，今言发菩提心者，就是誓愿做佛之心。愿做佛之心，就是济度众生之心。济度众生之心，即是导引众生信奉佛国净土之心。现在既然发愿往生净土，所以必须先发此菩提之心。

（四）问答解释。

问：如备修各种功德，即能领悟无上真理而成佛，那为什么《诸法无行经》说："如有人想求无上真理，即是远离了无上真理。此人离开真理有如天地一般遥远。"

答：终极的真理本体，无形无相，如先以一定的形相概念去追求它，当然不能获得，所以说离真理越来越远了。因而经中说，菩提本身不可以以心去获得，也不可以以身去追求，现在所说的修行者虽知以修行求往生，但因清楚地懂得真理本体虽不可追求，然而仍不排除通过现象来显示，所以备修各种功德也能因感而悟。故《大智度论》说："如人见般若智慧，他的见解仍未透彻，仍然有烦恼的束缚；如不见般若智慧，更是身心受了百般束缚；若人见般若之智，是得到了解脱；如已无智慧和解脱的对待，也是得到解脱。"龙树菩萨解释说："如不能超越此四句义，即会受到束缚；若能泯绝此四句的解脱和束缚的真义，则是真解脱。"今以追求至极真理而能如此修行，便是不行而行，这是符合真俗二谛之大道理的。

又依天亲所作《净土论》："凡欲发心追求终极真理

者，有二重意义：一是必须远离三种与此真理相违的见解，二是须知三种随顺符合此真理的法门。”远离哪三种与真理相违的见解呢？一是通过了知诸法实相而不求自乐，远离一切认为有生命主宰，因而贪恋于自己血肉之身的错误认识。二是依慈悲之心拔除一切众生之苦，远离那种不去安慰众生之心的错误。三是依据方便门，以怜悯一切众生之心，远离那种过分看重自己、恭敬供养自己的错误之心。以上三者即是远离三种与菩提法门相违背的见解。

随顺菩提真理法门者，即是修行者远离以上三种相违的见解，所得的三种符合菩提真理的法门。哪三种呢？一是未受染污的清净之心，不为自己追求诸般乐事。菩提真理是清净无染污的，如为自己追求诸乐，即是违背了菩提门。所以无染污之清净心即是随顺至极真理的法门。二是安于清净之心，为了拔除一切众生之苦。菩提智慧要使一切众生安于清净之处，若无拔除一切众生脱离生死苦海之心，便是有违菩提之智。所以拔除一切众生苦是符合菩提真理的。三是乐于清净之心，希望一切众生都能悟得至极真理。所以引导众生往生阿弥陀佛国土。至极真理才是真正恒常欢乐之处，如不令一切众生都能获得这种真正的恒常欢乐，则是有违菩提法门。这种真实的欢乐是怎么得到的呢？主要是依大义门。所谓大义门，即是那安乐佛国。所以使一心专注，愿生极乐佛国，是希望早日得到此至极无上之真理啊！

原典

第二，明破异见邪执者，就中有其九番：第一，破妄计大乘无相，异见偏执。第二，会通菩萨爱见大悲[①]。第三，破系心外无法。第四，破愿生秽国，不愿往生净土。第五，破若生净土，多喜着乐。第六，破求生净土非是小乘。第七，破求生兜率，劝不归净土。第八，会通若求生十方净土[②]，不如归西。第九，料简别时之意。

第一，破大乘无相妄执者，就中有二：一总生起。欲令后代学者，明识是非，去邪向正。第二广就系情，显正破之。

一总生起者，然大乘深藏，名义尘沙，是故《涅槃经》云："一名无量义，一义无量名。"要须遍审众典，方晓部旨，非如小乘俗书，案文毕义，何意须然。但净土幽廓，经论隐显，致令凡情种种图度，恐涉谄语刀刀[③]，百盲偏执，杂乱无知，妨碍往生。今且举少状，一一破之。

第一，破妄计大乘无相者。

问曰：或有人言，大乘无相，勿念彼此，若愿生净土，便是取相。转增漏缚[④]，何用求之?

答曰：如此计者，将谓不然。何者? 一切诸佛说法，要具二缘：一依法性实理，二须顺其二谛。彼计大乘无念，但依法性，然谤无缘求，即是不顺二谛。如此见者，堕灭空[⑤]所收。是故《无上依经》云，佛告阿难，一切众生若起我见如须弥山，我所不惧，何以故? 此人虽未即得出离，常不坏因果，不失果报故。若起空见[⑥]如芥子，我即不许。何以故? 此见者破丧因果，多堕恶道，未来生处，必背我化。

今劝行者，理虽无生，然二谛道理，非无缘求，一切得往生也。是故《维摩经》云："虽观诸佛国，及与众生空，而常修净土，教化诸群生。"又，彼经云："虽行无作，而现受身，是菩萨行。虽行无起，而起一切善行，是菩萨行。"是其真证也。

注释

①**爱见大悲：**指菩萨以众生心生爱着，因而生悲悯之心，称之爱见大悲。其中爱是思惑，见是见惑，因其未断见、思二惑，所以此悲心亦是虚妄不实，因此后文说当舍离。

②**十方净土：**十方为上下四维八方。大乘佛教认为

十方世界都有佛陀说法，每一个佛都各自有其佛国净土，故称十方净土。

③**刀刀**：一作刁刁，动摇貌。

④**漏缚**：漏即泄漏，缚为系缚，均为烦恼之称。佛家认为，众生因烦恼缠身，使心流转，散失不绝，所以称为漏；又因烦恼所缠，身心被缚，不得自在，因而称缚。

⑤**灭空**：即断灭空，是一种否定因果作用的邪见。佛家以因果解释事物的生灭变化，由因果相续，故非断非灭。持断灭空者，被认为是邪见中极恶者。

⑥**空见**：执着于“空”的见解。

译文

第二，破各种异见邪执。其中可分九点论辩。（一）破错误地认为大乘无相的异见偏执；（二）会通解释菩萨因见众生心生爱着而起之大悲心；（三）破错误认识心外无法的见解；（四）破宁愿投生秽土而不愿往生佛国净土的错误见解；（五）破认为如往生净土因唯有喜乐之事，便会妨碍修道的错误见解；（六）破认为求生净土只是小乘佛法的错误见解；（七）破唯愿生兜率天宫，而不愿归向西方安乐国土的错误认识；（八）阐述如求生于十方诸佛净土，不如专求往生西方净土；（九）分辨所谓别时之意。

（一）破认为大乘无相的错误观点。其中可分两点说明：一是总的论述，欲令后代学佛者明识是非，去邪向正；二是广泛联系各种实际情况加以分析，显示正确之见，破除邪见。

先作总论述，大乘佛法深奥微妙，各种概念有如尘沙之多。所以《涅槃经》说："一个名词有许多含义，一个意思可用许多名词来表达。"应该广泛研读诸部经典，方能见多而识广，通晓各种义旨。大乘经典不像小乘经典或世俗的书籍那样意义浅显，一读就识其义，没有深义可谈。但因净土之说精妙幽深，各部经论中说得不明显又分散，以致凡夫以世俗情理作种种猜度，故唯恐由于谄语流言纷纷四起，繁多的盲目偏执，内心昏乱，缺乏智慧，妨碍众生以求往生，所以现在且略举数例，一一加以破斥。

首先是破错误地认为大乘无相者。

问：或有人说，大乘佛法不以形相而求，故不应作此土彼土之观。如果发愿往生净土，便是以形相而求，只是徒增导致生死轮回之世俗之举，又何必求之呢？

答：这样的看法其实是错误的。为什么呢？一切诸佛说法，大致有两种缘：一是依据诸法的本性真实之理，二是必须随顺真俗二谛，即从真理及世俗两个角度来看问题。那种认为大乘佛法不作此土彼土差别的见解，是依据诸法本性真实之理而言，然而诋毁不以缘求往生者，即是不随顺二谛之义。那样的看法是堕入了断灭空的见解。故而《无上依经》说，佛告诉阿难，一切众生若起“我见”（执着于有精神之主宰实体之我的见解），尽管其大如须弥山，我对他仍有信心。为何这样说呢？因为此人虽然未能很快得到解脱，但并未执无因果的邪见，所以仍然能有机缘得闻佛法。但若有人一旦堕于“空见”（认为一切事物现象绝对虚无，无任何因果报应可言的观点），哪怕只有一丝一毫，也是绝不允许的。为什么呢？因为这种见解断灭了因果关系，必然堕于畜生、饿鬼等恶道中，他将来投生之处，必是背离我教化的地方。

因而奉劝各位修行者，从真实义理上讲，虽然是不生不灭，但依真俗二谛的道理而言，并不是无缘而求，一切众生都可得以往生的。所以《维摩诘经》说：“虽然洞观诸佛国土以及众生，都是虚假不实，但也要经常以修习往生净土来教化众生。”这部经中还说：“虽然并不造作任何业力，但仍以有情之身示现于世，这就是菩萨行。虽不生起诸行，但并不放弃一切善行，这就是菩萨行。”这是确切的证明。

原典

问曰：今世间有人，行大乘无相，亦不存彼此，全不护戒相①，是事云何？

答曰：如此计者，为害滋甚。何者？加②《大方等经》云，佛为优婆塞③制戒，不得至寡妇、处女家，沽酒家、蓝染家、押油家、熟皮家，悉不得往来。阿难白佛言："世尊为何等人制如斯戒？"佛告阿难："行者有二种，一者在世人行，二者出世人行。出世人者，吾不制上事；在世人者，吾今制之。何以故？一切众生悉是吾子，佛是一切众生父母，遮制约勒，早出世间，得涅槃故。"

注释

①**戒相：**持戒之相状，与戒体相对。戒体为持戒者内心产生的于戒法的信念和意志，戒相则是持戒者外在的仪态相状。

②**加：**当为如。

③**优婆塞：**意为清信士、近事男。佛家称皈依三宝，信奉佛教的男性在家信徒。

译文

问：现在世间有人修习大乘无相之义，也没有彼此之念，所以全然不守持各种戒律，此事当如何看待呢？

答：这种观点危害很大。为什么呢？如《大方等经》说，佛为在家信男制定戒律，不得到寡妇、处女之家去，不得与酒馆、染坊、油坊、皮革坊等交往。阿难问佛说："世尊是为什么样的人制定如此戒律呢？"佛告诉阿难："凡修行者有两种，一是在家修行者，二是出家修行者。对出家之人，我不制止他们与以上诸种人的交往，但在家修行者则要禁止。为什么呢？因为一切众生都如同我子，佛是一切众生的父母，制定这些规制戒律，是为了使他们能早日脱离此世而得涅槃之故。"

原典

第二，会通菩萨爱见大悲者。

问曰：依大乘圣教，菩萨于诸众生，若起爱见大悲，即应舍离[①]。今劝众生共生净土，岂非爱染取相？若为免其尘累[②]也？

答曰：菩萨行法，功用有二。何者？一证空慧般若，二具大悲。一以修空慧般若力故，虽入六道生死，不为尘染所系。二以大悲念众生故，不住涅槃。菩萨虽处二谛，常能妙舍有无，取舍得中，不违大道理也。

是故《维摩经》云："譬如有人，欲于空地造立宫舍，随意无碍。若于虚空，终不能成。”菩萨亦如是，为欲成就众生故，愿取佛国。愿取佛国者，非于空也。

注释

①语见《维摩经·问疾品》。原文为：“于诸众生，若起爱见大悲，即应舍离。”

②**尘累**：喻为烦恼恶业等所累。

译文

（二）解说菩萨因见众生心生爱着，而起大悲之心。

问：依大乘佛法圣教，诸菩萨若因众生之爱着而起大悲之心，则应该舍离。今劝众生往生佛国净土，岂不是堕于贪爱之见吗？怎么才能免除此世欲烦恼之累呢？

答：菩萨修行诸法，其功用有两种。哪两种呢？一是证悟至高佛法真理，二是具有拔济众苦之大悲心。以修习证悟至高佛法真理的缘故，虽然流转于六道生死之中，但并不受世欲烦恼所束缚。又因以大悲之心挂念众生的缘故，而不马上去证悟涅槃永恒的奇妙境界。所以菩萨虽然处于世俗与真实二谛之中，但常能巧妙地取舍于有无之间，而获得非有非无的中道，并不违背佛法之理。

所以《维摩诘经》说："譬如有人，想在空地上建造宫舍，可以随其意愿而造。但如要在虚空中建造，终究是造不成的。"菩萨也是这样，为了成就众生获得解脱，宁愿求生佛国净土。以愿取佛国净土，和非在虚空中建舍是一样的道理。

原典

第三，破系心外无法者，就中有二：一破计情，二问答解释。

问曰：或有人言，所观净境，约就内心，净土融通，心净即是，心外无法，何须西入？

答曰：但法性净土，理处虚融，体无偏局，此乃无生之生[①]，上士堪入。是故《无字宝箧经》云："'善男子，复有一法，是佛所觉。所谓诸法不去不来，无因无缘，无生无灭，无思无不思，无增无减。'佛告罗睺罗[②]言：'汝今受持我此所说正法义不？'尔时十方有九亿菩萨，即白佛言：'我等皆能持此法门，当为众生流通不绝。'世尊答言：'是善男子等，则为两肩荷担菩提，彼人即得不断辨才，得善清净诸佛世界。命终之时，即得现见阿弥陀佛与诸圣众住其人前，得往生也。'"自有中下之辈[③]，未能破相，要依信佛因缘求生净土，虽至彼国，还居相土[4]。又云："若摄缘从本，即是心外无法；若分二谛明义，净土无妨是心外法也。"

二问答解释。

问曰：向言无生之生，唯上士能入，中下不堪者，为当直将人约法作如此判，为当亦有圣教来证？

答曰：依《智度论》云："新发意菩萨，机解软弱，虽言发心，多愿生净土。"何意然者？譬如婴儿，若不近父母恩养，或堕坑落井、火蛇等难，或乏乳而死，要假父母摩洗养育，方可长大，能绍继家业。菩萨亦尔，若能发菩提心，多愿生净土，亲近诸佛，增长法身，方能匡绍菩萨家业，十方济运。为斯益故，多愿生也。又彼论云：譬如鸟子，翅翮未成，不可逼令高翔。先须依林传树，羽成有力，方可舍林游空。新发意菩萨亦尔，先须乘愿求生佛前，法身成长，随感赴益。

又，阿难白佛言：此无相[5]波罗蜜，在何处说？佛言：如此法门，在阿毗跋致地中说。何以故？有新发意菩萨，闻此无相波罗蜜门，所有清净善根，悉当灭没也。又来但至彼国，即一切事毕，何用诤此深浅理也。

注释

①**无生之生：**佛家谓涅槃之理，本无生灭，故称之

为无生。然佛陀为教化众生，乃以化佛示现于世，此即为无生之生。此外，众生往生于佛国净土，得不退转位，将来必定成佛，此类之生，亦是无生之生。

②**罗睺罗**：也作罗怙罗等，为释迦牟尼佛在俗时的儿子，后随释迦出家修道，并成为佛的十大弟子之一，因其不毁禁戒，诵读经典、咒语不懈，故被称为“密行第一”。

③**中下之辇**：原文辇当作辈，指往生西方净土者的等级，见前文“上辇生”之注。

④**相土**：与性土相对，谓有相状之国土。性土是以法性之理而成，法性之理无秽无净，是究竟光明之佛土。相土则因众生之心行而有秽和净之差别。

⑤**无相**：指佛家所说的至高真理、涅槃境界。因至极之理，离言绝相，故称之为无相。

译文

（三）破认为心外无法的错误见解。其中分二重加以说明：一破此虚妄的观点，二问答解释。

问：或许有人说，所观之净土境界，如从内心的角度而言，心和境是融通的。清净之心即为净土，此心之外别无他法，何须必有西方净土？

答：但就法性而言净土，其理和体虚空含融，圆满无偏，此就是无生之生（即指离开六道四生之途的所谓生），只有上等根机之人才能进入。所以《无字宝箧经》说："'善男子，还有一法，是佛陀所觉悟之法。即所谓一切事物既不去也不来，无因又无缘，不生也不灭，既无思又无不思，不增也不减。'佛告诉罗睺罗说：'你如今信受奉持我所说的这一正法之义否？'这时十方有九亿数的菩萨齐声回答说：'我们都能守持这一法门，当为众生广泛传播流通不绝。'佛世尊又说：'像这些善男子等，为了肩负发扬佛法真理之故，即得伶俐善辩之口才，并能证得诸佛清净无垢的佛世界。此人命终之时，就能见到阿弥陀佛与诸菩萨圣人出现于眼前，就能往生西方净土。'"而中下根机之人，未能破除有相之见，所以必须依靠信奉佛法的因缘而求往生净土，虽然得以往生彼佛国土，但仍居于有相之土。又说："如由缘而求本，即是心外无别法；若以二谛之理去理解其义，即净土也无妨是心外之法。"

其二，问答解释。

问：上面所言离六道四生的无生之生，唯上等根机的人才能进入，而中下根机不堪入者，是直接因人约法作此判断呢，还是也有圣人之教来证明呢？

答：依《大智度论》而言："新发意的菩萨，其根机浅而见解薄弱，虽然已经发心追求佛法真理，然多愿往生于佛国净土。”这是什么意思呢？譬如一个婴儿，如离开父母的养育，即或不幸堕坑落井，或遭火灾、蛇咬等难，或因没有奶吃而饿死。必须依靠父母的精心养育，方能长大，绍继家业。菩萨也是这样，如能发无上智慧之心，多愿往生于佛国净土，与诸佛相亲近，使自身不断积累增长功德，才能继承光大菩萨家业，济度十方众生。由于有这些益处，所以多愿往生佛国净土。又，此《论》中还说：譬如一个雏鸟，羽翼尚未长成，不可逼令它远飞翱翔。必须先于林间树丛中往来飞行，待得羽毛丰满，翅翼长成，方可离开树林，遨游高空。新发心意的菩萨也是这样，须先乘其愿而求生于佛前，待功德积累，法身成长，便可随机感应而获益。

又，阿难对佛言：这种最高的无相真理在何处才说？佛言：如此教义法门要到修行获得不退转地位时才说。为什么呢？因为若新发意菩萨，听闻此远离诸相的真理之义，所有清净善根都会没灭。此外，只要一旦往生佛国净土，一切世事都已完毕，何用论诤此深浅之理呢？

原典

第四，破愿生秽土，不愿生净土者。

问曰：或有人言，愿生秽国教化众生，不愿往生净土，是事云何？

答曰：此人亦有一徒。何者？若身居不退已去，为化杂恶众生故，能处染不染，逢恶不变。如鹅鸭入水，水不能湿。如此人等，堪能处秽拔苦。若是实凡夫者，唯恐自行未立，逢苦即变，欲济彼者，相与俱没。如似逼鸡入水，岂能不湿？

是故《智度论》云："若凡夫发心，即愿在秽土拔济众生者，圣意不许。"何意然者？龙树菩萨释云："譬如四十里冰，如有一人，以一升热汤投之，当时似如少减，若经夜至明，乃高于余者。凡夫在此发心救苦亦复如是，以贪嗔①境界违顺多故，自起烦恼，返堕恶道故也。"

注释

①**贪嗔**：都是佛家所说的根本烦恼，见前文"三毒"条注。

译文

（四）破宁生于秽污国土而不愿往生佛国净土的错误见解。

问：或有人言，宁愿生于秽国以教化众生，不愿往生佛国净土，这种看法是否正确？

答：这也是徒然的。为什么呢？若其身已修至不退转位时，为了教化杂恶众生的缘故，能处染污之处而不受染污，逢诸恶而不生惊变。如鹅鸭入水，水不能使之湿，这样的人，才能处秽而拔众苦。若是一般凡夫，只怕他自己把握不住，遭逢诸苦即生变故，如欲济度他人，便与之一齐沉沦，好像赶鸡入水，其羽毛怎能不湿呢？

所以《大智度论》说："若凡夫发心，愿在秽土之中拔济众生，诸佛圣意不许。"为什么呢？龙树菩萨解释说："譬如有四十里冰，有一人以一升热水浇于冰上，当时似乎使冰融化了些，但若经过一夜，到次日天明时，此处之冰反比其他地方高些。凡夫在秽土中发心救度众苦也是这样。以贪、嗔境界多违背佛理之故，以致自身生起烦恼而返堕于恶道之故。"

原典

第五，破若生净土，多喜着乐者。

问曰：或有人言，净土之中，唯有乐事，多喜着乐，妨废修道，何须愿往生也？

答曰：既云净土，无有众秽，若言着乐，便是贪爱烦恼，何名为净？是故《大经》云：彼国[①]人天，往来进止，情无所系。又四十八愿[②]云：十方人天，来至我国，若起想念贪计身者，不取正觉。《大经》又云：彼国人天，无所适莫[③]，何有着乐之理也？

注释

①**彼国：**即指西方极乐净土。

②**四十八愿：**指阿弥陀佛的前身法藏比丘，在修习时所发之誓愿，具体内容见《无量寿经》。

③**适莫：**适者，合适、适宜；莫者即不适宜。无所适莫即无适与不适之感，随意自在之意。

译文

（五）破除如生净土则唯有喜乐之事，而妨碍修道之错误见解。

问：或有人说，净土之中，唯有诸般快乐，多种喜悦之事，反而妨碍荒废了修道之业，何必定愿往生呢？

答：既然说是净土，就没有诸污秽。如谈到耽着于欢乐，便是贪爱烦恼，怎么能说是净呢？所以《大经》说：佛国净土的人天众生，往来进止，情无所系。又“四十八愿”中说：十方人天众生来生于我国土者，其中若有贪念妄计其身的，我便不成无上正等正觉。《大经》

又说：西方佛国的人天众生，无所谓适意不适意的感觉，又哪来耽着欢乐之理呢？

原典

第六，破求生净土非是小乘。

问曰：或有人言，求生净土，便是小乘，何须修之？

答曰：此亦不然，何以故？但小乘之教，一向不明生净土故也。

译文

（六）破认为求生净土只是小乘的观点。

问：也许有人说，求生净土，便是小乘教义，何必去修习它？

答：此说也不然。为什么呢？只因小乘教义中，一向不谈往生净土的缘故。

原典

第七，会通愿生兜率[①]劝归净土者。

问曰：或有人言，愿生兜率，不愿归西，是事云何？

答曰：此义不类。少分似同，据体大别，有其四种。

何者?

一、弥勒世尊为其天众转不退法轮，闻法生信者获益，名为信同。着乐无信者，其数非一。又，来虽生兜率，位是退处，是故经云:“三界无安，犹如火宅。”

二、往生兜率，正得寿命四千岁，命终之后，不免退落。

三、兜率天上，虽有水鸟树林，和鸣哀雅，但与诸天生乐为缘，顺于五欲[②]，不资圣道[③]。若向弥陀净国，一得生者，悉是阿毗跋致[④]，更无退人与其杂居。又复，位是无漏[⑤]，出过三界，不复轮回。论其寿命，即与佛齐，非算数能知。其有水鸟树林，皆能说法，令人悟解，证会无生。

四、据《大经》，且以一种音乐比校者。经赞言:“从世帝王至六天[⑥]，音乐转妙有八重，展转胜前亿万倍，宝树音丽倍亦然。复有自然妙伎乐，法音清和悦心神，哀婉雅亮超十方，是故稽首清净勋。”

注释

①**兜率：**即指兜率净土，或称弥勒净土。佛家以弥勒菩萨圆寂后，即上升兜率天宫之内院，在那儿为诸天众说法，故以之为弥勒净土。弥勒净土的信仰传入我国

也很早，东晋时著名僧人释道安即持弥勒信仰；南北朝时，各地所开石窟造像，以及所做的各种佛像，也有很大一部分为弥勒像。直到南北朝末期、隋唐之际，阿弥陀净土信仰才逐渐高扬，最后取代弥勒净土之信仰，而成为净土宗的正统。

②**五欲**：指人的五种感觉器官，对外界色、声、香、味、触五境而起的爱憎之情感欲望。佛家认为这些欲望有违真理，并妨碍对真理的追求，故认为应当摒弃。

③**资圣道**：指有助于对至极真理（圣道）的追求，并使功德增长的一切言行。

④**阿毗跋致**：即不退转。

⑤**无漏**：漏指烦恼，无漏即无烦恼。与有漏相对。佛家把涅槃境界、菩提智慧及一切能断除三界烦恼之法，都称为无漏。

⑥**六天**：指欲界的六重天，或称“六欲天”，它们是：四天王天、忉利天、夜摩天、兜率天、乐变化天、他化自在天。因居于这些天中的诸天众都未离食、色诸欲，所以称为欲界六天。

译文

（七）会通兜率天宫与西方净土之义，而劝众生归向西方净土。

问：若有人说，我宁愿生于兜率天宫，而不愿归向西方净土。这种说法又如何呢？

答：兜率天宫与西方净土之义并不相同。有一小部分似乎相近，但主要性质却不一样。有四种差别，哪四种呢？

其一，弥勒世尊在兜率天宫，为那儿诸天众敷衍不退转之佛法，闻其法而生信仰者获得利益，名为信同。那儿的诸天众贪着欢乐，而未生信仰者数量也不少。而且，虽然生于兜率天，但其果位是退转之位，所以经中说："三界没有安全之处，犹如一座起火的住宅。"

其二，往生兜率天者，寿命可得四千岁，命终之后，不免又退落重入轮回。

其三，兜率天上虽有水鸟树林，鸣声和谐风雅，但它们以各种天乐为缘，随顺于色、声、香、味、触五欲，对于圣道的修行没有帮助。但如得生阿弥陀国净土，则都是不退转之果位，更不会与仍要退转、重入轮回者杂居一处。又其果位是不再导致轮回的无漏位，已超出三界，不再堕入轮回。论其寿命，即与诸佛一样，并不是用数字所能计算的。其土之水鸟树林，都能演说佛法，令人得到悟解，而证无生无灭之涅槃境界。

其四，依据《大经》所说，以一种音乐来加以比较衡量。经中称赞说："从世俗的帝王到六欲诸天，其音乐之声渐渐精妙，共有八重。一重比一重胜过亿万倍，其宝树之音声美丽也是这样。还有自然精妙的伎乐，其法音清和，令闻者心神娱悦，哀婉雅亮，超于十方世界，所以稽首礼敬清净国土。"

原典

第八，校量愿生十方净土不如归西方者。

问曰：或有人言，愿生十方净国，不愿归西方，是义云何？

答曰：此义不类[1]，于中有三。何者？

一、十方佛国非为不净，然境宽则心昧，境狭则意专，是故《十方随愿往生经》云，普广菩萨白佛言：世尊，十方佛土皆为严净，何故诸经中偏叹西方阿弥陀国，劝往生也？佛告普广菩萨：一切众生，浊乱者多，正念者少，欲令众生专志有在，是故赞叹彼国，为别异耳。若能依愿修行，莫不获益。

二、十方净土，虽皆是净而深浅难知，弥陀净国，乃是净土之初门。何以得知？依《华严经》云："娑婆世界一劫，当极乐世界一日一夜。极乐世界一劫，当袈裟幢世界一日一夜。"如是优劣相望，乃有十阿僧祇，故知为净土初门，是故诸佛偏劝也。余方佛国，都不如此丁宁，是故有信之徒，多愿往生也。

三、弥陀净国，既是净土初门，娑婆世界即是秽土末处。何以得知？如《正法念经》云：“从此东北，有一世界，名曰斯诃，土田唯有三角沙石，一年三雨，一雨湿润不过五寸，其土众生唯食果子，树皮为衣，求生不得，求死不得。复有一世界，一切虎狼禽兽，乃至蛇蝎，悉皆有翅飞行，逢者相啖，不简善恶。”此岂不名秽土始处？然娑婆依报[②]，乃与贤圣同流，唯此乃是秽土终处。安乐世界既是净土初门，即与此方境次相接，往生甚便，何不去也？

注释

①**类**：相似之意。不类即不相似、不同。

②**依报**：也称作依果。佛家用以指众生之身所依之处，也就是所处的世界、国土、山河大地以及房舍、器具等。众生之身是由于感前业的果报而受，因此称为正报，其所依存的生存环境也就被称为依报。

译文

（八）论求生十方净土不如归向西方净土。

问：或有人言，我愿生于十方清净国土，但不愿归于西方一处，这种说法对不对呢？

答：两者之义并不完全相同，现分三点加以论述。哪三点呢？

其一，十方诸佛国土并非不清净，然而所临之境界宽，则其心容易暗昧；境狭，则其心容易专注。所以《十方随愿往生经》说，普广菩萨对佛说道：世尊，十方诸佛国土都是庄严清净国土，为什么诸经中偏偏赞叹西方阿弥陀国，而劝众生往生其国土呢？佛告诉普广菩萨说，一切众生浊乱者多，而具有正念者少。为了让众生专心致志，所以特别赞叹阿弥陀佛国土，强调其与别的佛国土之不同。若能依照愿力修行，无不获得利益。

其二，十方净土虽然都是清净国土，但它们的深浅难以知晓，而阿弥陀佛清净国土乃是净土法门的初门。如何得知呢？依《华严经》说："娑婆世界的一劫，当得极乐世界的一日一夜。极乐世界的一劫则当袈裟幢世界的一日一夜。"如此说来，其优劣相望，乃有十阿僧祇劫的差别。所以知西方极乐国土为净土之初门，因而诸佛着重劝导。诸方佛国都没有像阿弥陀佛国土那样为诸佛反复劝诱，所以信奉净土法门者多愿往生西方。

其三，阿弥陀佛清净国土既是净土之初门，而我们所住的娑婆世界则是秽土的末处。何以得知呢？如《正法念经》说："离此东北方，有一个世界名叫斯诃。其国田土中唯有三角形的沙石，一年下三次雨，一次降雨湿润不超过五寸地。生活于那儿的众生以果子为食，以树皮为衣，求生不得，求死不能。另外还有一个世界，其中一切虎狼禽兽，乃至蛇蝎，都有翅翼，能够飞行。相逢时互相吞食，不论善恶。"这难道不是秽土的起点吗？而我们居住的娑婆世界，乃与贤圣等共处，因此唯此才是秽土的终结之处。安乐世界既是净土的初门，即与娑婆世界依次相接，故此土众生往生于安乐世界较便利，为何而不前往呢？

原典

第九，据《摄论》[①]与此经相违，料简别时意语者。

今《观经》中，佛说下品生人，现造重罪，临命终时，遇善知识，十念成就，即得往生。依《摄论》云道，佛别时意语。又，古来通论之家，多判此文云：临终十念[②]，但得作往生因，未即得生。何以得知？论云："如以一金钱，贸得千金钱，非一日即得。"故知十念成就者，但得作因，未即得生，故名别时意语。

如此解者，将为未然。何者？凡菩萨作论释经，皆欲远扶佛意，契会圣情，若有论文违经者，无有是处。

今解别时意语者，谓佛常途说法，皆明先因后果，理数炳然。今此经中，但说一生造罪，临命终时，十念成就，即得往生，不论过去有因无因者，直是世尊引接当来造恶之徒，令其临终舍恶归善，乘念往生，是以隐其宿因[③]。此是世尊隐始显终，没因谈果，名作别时意语。

何以得知？但使十念成就，皆有过去因，如《涅槃经》云："若人过去，已曾供养半恒河沙诸佛，复经发心，而能于恶世中闻说大乘经教，但能不谤，未有余功。若经供养一恒河沙诸佛，及经发心，然后闻大乘经教，非直不谤，复加爱乐。"

以此诸经来验，明知十念成就者，皆有过因不虚。若彼过去无因者，善知识尚不可逢遇，何况十念而可成就也。论云"以一金钱贸得千金钱，非一日即得"者，若据佛意，欲令众生多积善因，便乘念往生。若望论主，乘闭过去因，理亦无爽，若作此解，即上顺佛经，下合论意，即是经论相扶，往生路通，无复疑惑也。

注释

①**《摄论》：**即《摄大乘论》，古代印度大乘论师、大乘瑜伽行派创始人之一的无著所造。阐述大乘教义的重要论著。汉文有三种译本，以真谛所译影响较大。

②**临终十念：**即十念，十遍念佛之意。据《观无量寿经》所说的下品下生者，因作五逆十恶，本应堕于恶道，受苦无穷，但其临命终时，相遇善知识，教令念佛，并告之言，只要至心称念无量寿佛，使念声不绝，具足十念称南无阿弥陀佛，因称佛名之故，即除八十亿劫生死之罪，命终后即得往生西方。此即临终十念之意。

③**宿因：**指宿世之因。佛家所言今世之果即因前世之因而成，此即为宿因。

译文

（九）依照《摄论》与此经不同之处，分辨所谓别时意语。

《观无量寿佛经》中，佛说下品根机的人，现世造下重罪，临命终时，相遇信奉佛法的人，劝导他以十念诵阿弥陀佛名号，就能往生极乐净土。而依《摄论》则说，这是佛说的别时意语。又，自古以来许多论师，多将此文判断为：临终十念，只能作为可以往生之因，而非即时得以往生。何以得知呢？如《摄论》中说："如有人以一个金钱做生意，通过贸易，可赚得一千个金钱，但并非一天就可赚得。"故尔可知所谓十念成就者，只能作往生之因，未能即得往生，所以名别时意语。

但如此解释，其实并不然。为什么呢？凡菩萨作论解释佛经，都是想发挥佛的本意，与圣情相契合。如有所作之论与经义相违的，便是错误的。现解释一下所谓别时意语，这是说佛平常说法时，都是阐明前因后果，使道理炳然而显。而今此部《观无量寿佛经》中，唯说一生造罪，临命终时，以十念成就，即得往生极乐净土，也未说他过去是有因还是无因。这只是世尊为劝引将来造下恶业的人，令他们在临终时能舍恶归善，乘此十念功德而往生净土，所以隐去了他前世的因缘。这是世尊隐始显终，没因而谈果，这才称作别时意语。

何以见得？要知道所谓十念成就者，都是有过去因缘的。如《涅槃经》说的："如有人在过去世已经供养过半恒河沙数的诸佛，现在又发大乘心愿，就能于此恶浊世中，听闻大乘佛法而不生诽谤，但不一定另有其他功德。如果已经供养了一恒河沙数的佛，现在又经发心，然后听闻大乘经教，则不但能不谤大乘佛法，而且还会心生欢喜快乐。"

以这些经文来加以验证，就可知道凡是十念成就者，都是有过去世因缘存在的，这是真实不虚之事。如果他没有过去世的因缘，就无缘相逢信佛的善知识，更何况十念便可得成就呢？论中说"以一个金钱贸易而得一千个金钱，并非一日就能获得"的话，如据佛意，则欲令众生多积善因，便能乘念往生净土。若诸论师能破除过去的错误见解，依据佛意，以过去因缘的角度来探讨此十念成就，能这样理解，则能上顺佛经，下合诸论，此即是经论相辅相成，使往生净土之路通达，不再有疑惑之情。

原典

第三，明广施问答，释去疑情者。自下就《大智度论》广施问答。

问曰：但一切众生，从旷大劫[①]来，备造有漏之业，系属三界，云何不断三界系业[②]，直尔少时念阿弥陀佛，即得往生，便出三界者？此系业之义，复欲云何？

答曰：有二种解释：一就法来破，二借喻以显。言就法者，诸佛如来有不思议智，大乘广智，无等无伦最上胜智，不思议智力者，能以少作多，以多作少，以近为远，以远为近，以轻为重，以重为轻。有如是等智，无量无边不可思议。

自下第二有七番，并借喻以显。

第一，譬如百夫，百年聚薪，积高千仞，豆许火焚半日便尽。岂可得言，百年之薪，半日不尽也？

第二，譬如癖[③]者，寄载他船，因风帆势，一日至于千里。岂可得言癖者，云何一日至千里也？

第三，亦如下贱贫人，获一瑞物而以贡王，王庆所得，加诸重赏，斯须之顷，富贵盈望。岂可得言，以数十年仕，备尽辛勤，上下尚不达而归者，言彼富贵，无此事也？

第四，犹如劣夫，以己身力，掷驴不上，若从轮王行，便乘虚空，飞腾自在。岂可得言，以劣夫之力，必不能升虚空也？

第五，又如十围之索，千夫不制，童子挥剑，倏尔两分。岂可得言，童子之力，不能断索也？

第六，又如鸩鸟入水，鱼蚌斯毙皆死[4]；犀角触泥，死者还活[5]。岂可得言，性命一断，不可生也？

第七，亦如黄鹄唤子安，子安还活[6]。岂可得言，坟下千龄，决无可苏也？

一切万法，皆有自力他力[7]，自摄他摄，千开万闭，无量无边。汝岂得以有碍之识，疑彼无碍之法乎？又五不思议[8]中，佛法最不可思议，汝以三界系业为重，疑彼少时念佛为轻，不得往生安乐国，入正定聚[9]者，是事不然。

注释

①**旷大劫：**即旷劫。旷者，时间久远之意；旷劫，

指时间极其久远。

②**系业：**佛家以众生所造之业力，系属于三界，随众生生命的轮回而流转，绝不断灭，故称之为系业。

③**癖：**一种因消化不良而导致的疾病。据《诸病源候论》言，由于“饮水积聚，聚于膀胱，遇冷热相搏，因而作癖”。

④**鸩鸟入水，鱼蚌斯毙皆死：**鸩是传说中的一种毒鸟，性喜食蛇。其羽毛为紫绿色，放入酒中即能毒死人，故说“鸩鸟入水，鱼蚌斯毙皆死”。

⑤**犀角触泥，死者还活：**犀角为一种名贵药材，有清热解毒之功效，能治热病神昏、发狂吐血等症，并相传有起死还生之神效，故言“犀角触泥，死者还活”。

⑥**黄鹄唤子安，子安还活：**黄鹄为鸟名，一说即天鹅。子安为古代传说中的仙人。相传子安死，葬陵阳山下，后有黄鹄栖其冢树，鸣呼子安，子安即乘黄鹄而去。语见汉·刘向《列仙传》。

⑦**自力他力：**以自己的领悟能力读诵经典，修习功德，以证得悟解，称为自力。以阿弥陀佛愿力，愿求往生，靠佛力扶持得不退转位，因而精勤修习，以证佛果，称为他力。他力之说，是净土思想的最重要内容之一。

⑧**五不思议：**指五种不可思议之事。这五种事，据《大智度论》卷三十，以及《净土论注》等，是：一众生多

少，二业力，三龙力，四禅定力，五佛法力。《智度论》又说："于五不可思议中，佛力最不可思议。"

⑨**正定聚：**三聚之一（正定聚、邪定聚、不定聚）。据《大智度论》等说，以能破颠倒妄心者，即称为正定。正定聚即指具有佛家所说的正确思维及认识，并能正确修行而必定能证悟佛法真理者。

译文

第三，广设问答，解释各种疑问。以下就《大智度论》内容广设问答。

问：一切众生，自旷始以来久远之时，造下各种引起轮回的行为业力，使自己沉沦于三界之内。为什么说能不断此系属三界的业力，只需用很短时间诵念阿弥陀佛，就能超出三界，往生于佛国净土呢？如此说来，此系属三界业力之义，又怎么解释呢？

答：有二种解释。一是就佛法之理来勘破，二是借比喻以阐明。所说就佛法之理者，诸佛如来有不可思议的智慧，有大乘的广博智慧，还有无与伦比的最上、最胜智慧。如此不可思议智慧力量，能以少作多，以多作少，以近为远，以远为近，以轻为重，以重为轻。有这样许多智慧真是不可思议。

下面借比喻以说明，有七种比喻：

其一，譬如有一百个民夫，花百年时间积聚柴火，高达千仞，但一旦有像黄豆般大的火苗焚烧起来，只需半日便能烧尽。怎么能说百年积聚的柴火，半日不能烧尽呢？

其二，譬如有癖病（一种饮水不消，遇寒气而积块于腹之病，俗名痞块）者，乘了别人的船，因顺风顺水，顺流而下一日千里。怎么可说生癖病的人，决不能一日千里呢？

其三，如贫穷微贱之人，因获得一祥瑞的宝物，进贡国王，王因庆贺获宝而给以重赏，使那贫者顿时富贵起来。怎能说以数十年工作，备尽辛勤，尚且达不到这样，而那贫者暴富绝无此事呢？

其四，如病弱者，靠自己的力量连驴背都上不去，但因随从转轮圣王出行，便能在虚空中飞行。我们怎能说，以那病弱者之力，决不能升于虚空中呢？

其五，又如有由十人始能围抱那样粗的绳索，需一千多人力才能制成，但有童子以剑挥去，须臾之间便斩为两段。怎可言以童子之力，必不能断此绳索呢？

其六，又如鸩鸟入水，河里的鱼蚌都被毒死，犀角触泥，死者也能救活。怎么能说性命一断，便不可生呢？

其七，好像黄鹄鸟唤子安，子安复苏。岂可说已入坟下千载，决不可能复活了呢？

世上一切事物，都有自力与他力，自摄与他摄，千变万化无穷无尽。怎么能以有限的认识能力，去怀疑无限的事物现象呢？又，在五种不可思议的事情中，以佛法最为不可思议。你以束缚三界的业力为重，去怀疑用较少时间诵念佛名为轻，认为这决不能往生于安乐国土，必定证悟佛法，这是错误的。

原典

问曰：大乘经云，业道如秤，重处先牵。云何众生一形已来，或百年，或十年，乃至今日，无恶不造，云何临终遇善知识，十念相续，即得往生？若尔者，先牵之义，何以取信？

答曰：汝谓一形恶业为重，以下品人十念之善以为轻者，今当以义校量。轻重之义者，正明在心、在缘、在决定，不在时节久近多少也。

一、云何在心？谓彼人造罪时，自依止虚妄颠倒心生；此十念者，依善知识方便安慰，闻实相法生。一实一虚，岂得相比也。何者？譬如千岁暗室，光若暂至，即便明朗。岂可得言，暗在室千岁而不去也？是故《遗日摩尼宝经》云：“佛告迦叶菩萨，众生虽复数千巨亿万劫，在爱欲中，为罪所覆，若闻佛经，一反念善，罪即消尽也。”是名在心。

二、云何在缘者？谓彼人造罪时，自依止[①]妄想，依烦恼果报众生生。今此十念者，依止无上信心，依阿弥陀如来真实清净无量功德名号生。譬如有人，被毒箭所中，彻筋破骨，若闻灭除药鼓声，即箭出毒除。岂可得言，彼箭深毒厉，闻鼓音声，不能拔箭去毒也？是名在缘。

三、云何在决定者？彼人造罪时，自依止有后心有间心生。今此十念者，依止无后心无间心起，是为决定。又《智度论》云：“一切众生临终之时，刀风[②]解形，死苦来逼，生大怖畏。是故遇善知识，发大勇猛，心心相续十念，即是增上善根，便得往生。又如有人对敌破阵，一形之力一时尽用，其十念之善亦如是也。又若人临终时，生一念邪见，增上恶心，即能倾三界之福，即入恶道也。”

注释

①**依止**：依即依赖，止为止于某处。

②**刀风**：比喻风之猛利，有如刀一样。佛家言，人命将终之时，有风气起，能吹断人的筋骨血髓，如同利

刃肢解人体，引起极大的痛苦，此即谓之刀风。

译文

问：大乘经中说，业力之道，如同一杆秤，哪头重就沉向哪头。为什么说众生自成形以来，或百年，或十年，一直至今，无恶不造，而临终一遇信奉佛法之人，以十念相续诵佛名号，即得往生净土呢？如果是这样，大乘经中的业力哪儿重即引向何方之义，如何使人相信呢？

答：你所说众生以恶业为重，以下品人十念之善的功德为轻，现在我们可以比较一下。轻重之义，应该取决于心、取决于缘、取决于决定之念，而不在于时间长短、多寡。

为什么说是取决于心呢？因为其人造罪时，只是依据虚妄颠倒之心而作。而此十念称佛名号，则是由善知识以方便力安慰他，使他闻得佛法真理而作。一是产生于真实之理，一是发起于虚妄之心，两者怎能相比呢？譬如千年暗室，一旦光线射入，马上便光明朗朗，岂可说黑暗在室千年，而不能马上除去呢？所以《遗日摩尼宝经》说："佛告迦叶菩萨，众生虽然于亿万劫中，因爱欲而为各种罪所覆盖，但若听闻佛法后能一反过去，心念向善，其罪即得消尽。”这就是说要取决于心。

为何又说取决于缘呢？这是说其人造罪时，自是依止于妄想而作，依人生各种烦恼的果报而有众生。今所说此十念，是依止于无上信仰之心，是依据阿弥陀如来的真实清净无量功德之名号而生的。譬如有人被毒箭射中，彻筋破骨，但若听闻药鼓之声，便能箭出而毒除。岂可说因为箭深毒厉，以至于听到药鼓音声，仍不能拔箭去毒呢？这就是所谓取决于缘。

又，为何说在于决定呢？其人造罪时，是因为“有后心”“有间心”的作用。现在所说的十念，则是由无后心和无间心而生起，所以说是决定。又《大智度论》说：“一切众生临命终时，阴风如刀，肢解他的身体，死亡的痛苦逼迫他的精神，使他心身遭受极大的畏惧和恐怖。所以一遇信奉佛法的善知识，就会产生勇猛的气概，使心相继诵念佛号，十念相继就是增长他的善根，使他得以往生佛国。又好像有人临阵杀敌，必定竭尽自己全力。十念之善也是那样，尽了自己的全部善力。又如人在临终时，若产生一念邪见，便会增加自己的罪恶心，便会推翻自己积聚的所有福慧，即刻堕入恶道。”

原典

问曰：既云垂终十念之善，能倾一生恶业，得生净土者，未知几时为十念也?

答曰：如经说云，百一生灭成一刹那[①]，六十刹那以为一念，此依经论泛解念也。今时解念，不取此时节，但忆念阿弥陀佛，若总相、若别相，随所缘观，径于十念，无他念想间杂，是名十念。

又云：十念相续者，是圣者一数之名耳，但能积念凝思，不缘他事，使业道[②]成办，便罢不用，亦未劳记之头数也。又云：若久行人念，多应依此；若始行人念者，记数亦好，此亦依圣教。

注释

①**一刹那：**是形容时间极短的时间计量单位。有多种不同说法，一般解释为一弹指间，有六十五刹那。

②**业道：**众生所作善恶之业，能使人趋向于轮回之道，故称之为业道。

译文

问：既然说临终十念所生的善能灭尽一生的恶业，从而得以往生净土，未知多少时刻才算作十念?

答：如按经论所说，则以百分之一的生灭为一刹那，六十个刹那就是一念。这是按照佛经的一般解释。现在所说的“念”，则不取这种计算时刻的解释。只要忆念阿弥陀佛，若从总体观想，或从个别局部地观想，随着心念所缘，不间杂其他杂念，就可称为十念。

又，所谓“十念相续”者，只是圣人们概而言之，只要能积念凝思，专注于一心而不思虑其他杂事，使善业得成即可。也不需劳心费力去记住数字。另外，如果是修行已久的人念佛，应如上面所说；但若是刚开始念佛的人修行时，也可用记数的方法。这也是依照先圣之教。

原典

又问曰：今欲依劝行念佛三昧[①]，未知计念相状何似？

答曰：譬如有人，于空旷迥处，值遇怨贼，拔刀奋勇直来欲杀，此人径走，视渡一河，未及到河，即作此念：我至河岸，为脱衣渡？为着衣浮？若脱衣渡，唯恐无暇；若着衣浮，复畏首领难全。尔时但有一心作渡河方便，无余心想间杂。行者亦尔，念阿弥陀佛时，亦如彼人念渡，念念相次，无余心想间杂。或念佛法身，或念佛神力，或念佛智慧，或念佛毫相[②]，或念佛相好[③]，或念佛本愿。称名亦尔，但能专至相续不断，定生佛前。

今劝后代学者，若欲会其二谛，但知念念不可得，即是智慧门；而能系念相续不断，即是功德门。是故经云：“菩萨摩诃萨，恒以功德、智慧，以修其心。”若始学者，未能破相，但能依相专至，无不往生，不须疑也。

注释

①**念佛三昧：**是以念佛为观想内容的一种禅定三昧。佛教的诸禅观之一，也是净土宗特别重视的一种修习内容。念佛三昧的方法，很早就传入汉地。东汉支谶所译的《般舟三昧经》中，就曾说到，行者若以一昼夜，及至七天七夜，一心念十方佛，便能在禅定中见到佛现眼前。东晋时，庐山慧远大师就在般若台阿弥陀佛像前发愿往生，并与同道诸人共修念佛三昧。《观无量寿经》中，也说行念佛三昧，即能除无量亿生死之罪，见十方诸佛现前等等。

②**毫相：**即眉间白毫相，是佛的三十二相之一。

③**相好：**即三十二相、八十种好的略称。佛家说成佛者以功德圆满，其身上能呈现出与众生不同的种种特异的相状，概括而言，有三十二相、八十种好，简称为相好。

译文

问：我现在想要依你所劝修行念佛三昧，但不知在计念时会产生什么情况？

答：譬如有人在空旷之处，正好碰见怨家或强盗，拔刀来追杀。此人立即逃走，看到前面有一条大河拦住去路，他必定未到河边即思考：我到河边，是脱下衣服渡河呢？还是就这样穿着衣服渡过去？如脱衣渡河，恐怕时间来不及；如穿衣服渡河，又怕首级难以保全。此时他只能一心思念如何渡河，没有心思再想其他杂事。修行念佛者也是这样，念阿弥陀佛时，也好像那人思考如何渡河，必须念念相继，没有其他念头杂于其间。或可思念佛的法身，或可忆念佛的神通力量，或忆念佛的无比智慧，或忆念佛眉间的白毫相，或忆念佛的其他各种美好相貌，或忆念佛的本誓愿等。称名念佛也是这样，只要能专心一致、相续不断地诵念，定能往生于佛前。

劝谕后代学佛之人，若欲会通真俗二谛之义，知晓虽念佛而念不可得，便是进入了智慧门；如能系念于佛而此念相续不断，便是功德门。所以经中说："菩萨摩诃萨必须坚持以功德、智慧修其心。"如刚开始学佛者，未能破除有相之见，但只要能依佛形相专心致志地念佛，必定能得往生，不要有任何怀疑。

原典

又问曰:《无量寿经》云:“十方众生,至心信乐,欲生我国,乃至十念,若不生者,不取正觉。”今有世人,闻此圣教,现在一形全不作意,拟临终时,方欲修念,是事云何?

答曰:此事不类。何者?经云十念相续,似若不难,然诸凡夫,心如野马,识剧猿猴,驰骋六尘[①],何曾停息?各须宜发信心,预自克念,使积习成性,善根坚固也。

如佛告大王:人积善行,死无恶念。如树先倾,倒必随曲也。若刀风一至,百苦凑身,若习先不在,怀念何可辨?各宜同志三五,预结言要,临命终时,迭相开晓,为称弥陀名号,愿生安乐国。声声相次,使成十念也。譬如蜡印印泥,印坏文成,此命断时,即是生安乐国时,一入正定聚,更何所忧?各宜量此大利,何不预克念也?

注释

①**六尘:**指与眼、耳、鼻、舌、身、意相对应的色、声、香、味、触、法六种外境。以此等客观外在的境界,能引起众生心念欲望,有污清净之心,所以称之为尘。

译文

又问:《无量寿经》说:“十方众生，至心信奉及乐于来生我国土者，只要一心念佛乃至十念相续，若还不能往生的话，我决不成无上正等正觉。”今有世人听说此圣教后，便于现世一点也不在意修行，任意所为，唯想在将临终时再修行念佛，对这种人和事当如何看待?

答：这种做法是完全错误的。为什么呢?经中说十念相续，似乎不难，但诸凡夫心如野马，意如猿猴，经常守持不住，何曾停息过?必须先发起信心，预先克期念佛，使习惯自然养成，然后善根得以坚固。

如佛告诉国王：如人平时积累善行，其死时便无恶念。如树先已倾斜，那么它必随弯处倒下。若肢解形体的刀风一旦刮起，百苦汇集于身，假如不是平时积习成性，临时念佛，是起不了有力的功用的!应该预先约好志同道合者三五人，临命终时，互相不断开示启发，为其称诵阿弥陀佛名号,求生安乐净土,念佛之声不断相续,使成十念。好像以蜡印于印泥，印虽坏而印文成。这样命终时，就是生于安乐国土时。一旦进入必定证悟者的行列，还有什么可忧虑的?大家应该衡量一下这种巨大的利益，为什么不预先修行克期念佛呢?

原典

又问曰：诸大乘经论皆言："一切众生毕竟无生，犹若虚空。"云何天亲、龙树菩萨皆愿往生也？

答曰：言众生毕竟无生如虚空者，有二种义：一者如凡夫人所见，实众生、实生死等。若据菩萨往生，毕竟如虚空，如兔角①。二者今言生者，是因缘生②。因缘生故，即是假名生。假名生故，即是无生。不违大道理也，非如凡夫谓有实众生、实生死也。

注释

①**兔角：**本为虚无之物，佛家用以比喻虚妄不实之意。

②**因缘生：**佛家讲因缘，谓世界万物都由因缘和合而起，故称因缘生。

译文

又问：诸大乘经论都说："一切众生归根到底没有生灭，好像虚空一般。"为什么天亲、龙树菩萨等都愿意往生呢？

答：说众生毕竟没有生灭、有如虚空者，有两种意思：一种就是如凡人所见实有众生、实有生死等。但若从菩萨往生而言，其毕竟如虚空，就如说兔子角一样虚假不实。二者，现在所说的生是由因缘而生，因为是因缘而生，所以这种生就是假名；因为是假名，所以这个生就是无生。这与佛法道理并不违背，并非如凡夫所说真的有众生，真的有生死啊！

原典

又问曰：夫生为有本，乃是众累之元①，若知此过，舍生求无生②者，可有脱期。今既劝生净土，即是弃生求生，生何可尽？

答曰：然彼净土，乃是阿弥陀如来清净本愿，无生之生，非如三有③众生，爱染虚妄执着生也。何以故？夫法性清净，毕竟无生，而言生者，得生者之情耳。

注释

①**生为有本，乃是众累之元：**元即本源，渊源之意。佛家追求不生不灭、涅槃寂静之境界，故以生为累。因为有生，而产生老、病、死等一系列烦恼，有生而有爱欲等诸欲望执着，所以说生为有本，是众累之元。

②**无生：**即没有生灭，是佛教追求的最高精神境界。

③**三有**：即指三界。以三界众生欲有、色有、无色有，故称三有，是世俗世界的统称。

译文

又问：生是事物的“有”之本，乃是各种累滞的根源。若知道这一点，那么舍生而求无生者可有解脱的希望。今既劝生净土，即是弃此生而求那生，这个生何时才能完结呢？

答：然而那净土乃是阿弥陀佛清净本愿的无生之生，并非如三界众生，因爱染而执着之生也。为什么呢？法性清净，其本质上是没有生灭的。所说生者，只是往生者的情而已。

原典

又问曰：如上所言，知生无生，当上品生者。若尔，下品生人，乘十念往生者，岂非取实生也？若实生者，即堕二疑①，一恐不得往生，二谓此相善不能与无生为因也。

答曰：释有三番。

一、譬如净摩尼珠②，置之浊水，以珠威力，水即澄清。若人虽有无量生死罪浊，若闻阿弥陀如来至极无生清净宝珠名号，投之浊心，念念之中，罪灭心净，即便往生。

二、如净摩尼珠，以玄黄帛裹，投之于水，水即玄黄，一如物色。彼清净佛土，有阿弥陀如来无上宝珠名号，以无量功德成就帛裹，投之所往生者心水之中，岂不能转生为无生智乎?

三、亦如冰上然火，火猛则冰液，冰液则火灭。彼下品往生人，虽不知法性无生，但以称佛名力，作往生意，愿生彼土，既至无生界时，见生之火，自然而灭也。

注释

①**二疑：** 于佛法之理生犹豫不决之心，称之为疑。疑分二种，即疑事、疑理，称为二疑。大乘佛教认为此二疑有碍佛道之修行，故都应断除。

②**净摩尼珠：** 即摩尼宝珠，又称如意珠。一说出自于龙脑，又说出于摩竭大鱼之脑等等。相传此珠毒不能侵，火不能烧。《涅槃经》中说此珠“投之浊水，水即为清”。

译文

又问：如上所言，能理解生无生灭者，当为上品生者，如果是这样，那么下品往生，乘十念而生净土者，岂不是取其实生吗？若认为实生者，即堕于二疑（疑事、疑理），这样，一恐怕不得往生净土，二又不能作为无生之因啊。

答：可从三方面来解答。

一、譬如清净摩尼宝珠，放之于浊水之中，因为宝珠之力，水即得澄清。这就如同人虽有无数生死罪浊，但若闻阿弥陀佛至极无生清净名号，就好像摩尼宝珠投入浑浊的心水之中，即能灭除罪念，使心澄清，便能得往生。

二、如用玄黄色的丝帛包裹摩尼宝珠，投之于水，水即变成玄黄色。清净佛土有阿弥陀佛名号为无上宝珠，以佛的无量功德为帛包裹，投之于往生者的心水之中，怎能不使它转生为无生之智呢？

三、好像在冰上燃火，火猛则使冰融化，冰化为水则将火浇灭。下品往生之人，虽不知诸法本性无生无灭之理，但以称念佛名号之功德力得以往生，愿生佛国净土，既至无生无灭的境界，其有生灭的见解之火就自然消灭了。

原典

又问曰：依何身故，说往生也？

答曰：于此间假名人[①]中，修诸行门，前念与后念作因。秽土假名人，净土假名人，不得决定一，不得决定异，前心后心亦如是。何以故？若决定一，则无因果；若决定异，则非相续。以是义故，横竖[②]虽别，始终是一行者也。

注释

①**假名人：** 佛家认为，众生都是由色、受、想、行、识等五种物质及精神因素和合而成，离开此五种因素，则无众生的存在，因此众生的个体实际上是虚妄不实，仅仅是以假名称作为“人”，所以叫假名人。

②**横竖：** 空间的广延称为横，时间的延续称为竖，指时间与空间。此句的意思是说，众生往生净土以后，时间与空间都有了差异，秽土的众生与净土的众生既非一，亦非异。但从生命延续的角度来看，始终是一个修行者。

译文

又问：依何种身而说往生呢？

答：世间之人都是五蕴和合而成，只是假名称作“人”，在这些假名人中，修习各种法门，以前后相续之念（心的思维作用）为因。秽土的假名人投生于净土后，前后两者不能肯定说是同一人，也不能说两者完全不同。前心与后心也是这样。为什么呢？若肯定是同一人，那么便否定了因果作用；若肯定两者完全不同，则否定了他们之间的相续关系。以此义故，横与竖虽然有别，但始终是同一个修行者。

原典

又问曰：若人但能称佛名号，能除诸障者，若尔，譬如有人以指指月，此指应能破暗也。

答曰：诸法万差，不可一概。何者？自有名即法，自有名异法。有名即法者，如诸佛、菩萨名号、禁咒音辞、修多罗[①]章句等是也。如禁咒辞曰："日出东方，乍赤乍黄。"假令酉、亥行禁，患者亦愈。又如有人被狗所啮，炙虎骨熨之，患者即愈。或时无骨，好攋[②]掌摩之，口中唤言："虎来虎来"，患者亦愈。

或复有人患脚转筋，炙木瓜枝熨之，患者即愈。或无木瓜，炙手磨之，口唤："木瓜木瓜"，患者亦愈。吾身得其效也。何以故？以名即法故。有名异法者，如以指指月是也。

注释

①**修多罗：**梵语音译，或作修妒路、素怛缆等。本来的意思是以线贯花，使之不散。以佛教经文能贯通佛法大意，故以修多罗指经，特指经、律、论三藏中的经藏部分。

②**攋：**音辣，即以手掌披。

译文

又问：若人只要能称佛名号，就能除却各种障碍，那样的话，就好像有人以手指指月亮，不仅月光能除去黑暗，连这个人的手指也能消除黑暗了。

答：世上万物千差万别，不可一概而论。为什么呢？有的事物名称与实质相契合，其名即体现了法；有的事物名称与实质并不相符，名和法自然就有差别。名法相符合者，就如诸佛、菩萨的名号、各种禁咒以及经文等等。如禁咒辞曰："日出东方，乍赤乍黄"，假使在酉时、亥时行此禁咒，便能使病患者得以痊愈。又如有人被狗咬伤，以炙过的虎骨治疗，患者立即得愈。如当时没有虎骨，即以手掌按摩患处，口中唤称"虎来虎来"，患者也会痊愈。

或者假如有人脚筋扭伤，以炙木瓜枝治疗，患者即能痊愈。如当时没有木瓜，则以热的手抚于患处，口中唤言“木瓜木瓜”，患者也能得愈，我曾亲自试过其功效。为什么会有这样的效果？因为所唤之名与其理相契合的缘故。以名与理法不相符合的现象，就如以手指指月之例。

原典

又问曰：若人但称念弥陀名号，能除十方众生无明黑暗，得往生者；然有众生，称名忆念，而无明[①]犹在，不满所愿者，何意？

答曰：由不如实修行，与名义不相应故也。所以者何？谓不知如来是实相身，是为物身。

复有三种不相应：一者信心不淳，若存若亡故。二者信心不一，谓无决定故。三者信心不相续，谓余念间故。迭相收摄，若能相续，则是一心。但能一心，即是淳心。具此三心，若不生者，无有是处。

注释

①**无明：**佛家指凡夫因不懂佛教真理而愚昧无知，故又称为痴或愚痴。这是引起众生轮回的根本原因。由无明而引起的认识及心念，都是虚幻不实的，要证悟涅

槃之理，必须要灭除无明。

译文

又问：有人只要能称念弥陀名号，就可灭除十方众生的无明黑暗，得以往生净土。然而有的人称名忆念，但其无明愚昧仍然留存，不能满足其所愿，这是什么道理呢？

答：这是因为没有如实修行，故其所称之名号与义不相契合的缘故。为何这样说呢？这是因为他不知诸佛之身，即是世界万物真理之法身，而将他看作寻常物质之身。

此外另有三种不相应之义：一是他的信心不淳，若存若亡之故。二是他信心不专一，犹犹豫豫而不坚定之故。三是他信心未能相续不断，中间夹有杂念的缘故。这三者是互相牵连的，若能相续不断，则是专心一意。但能专心一意，便是淳纯之心。如果有了此淳心、一心和相继之心，便一定能得往生。

原典

第三大门中有四番料简：

第一，辨难行道、易行道。

第二，明时劫大小不同。

第三，明从无始[①]世劫已来，处此三界五道，乘善、恶二业，受苦、乐两报，轮回无穷，受生[②]无数。

第四，将圣教证成，劝后代生信求往。

注释

①**无始**：佛家认为世间一切众生，都以因缘之故而不断流转轮回，每一生命都由前世因果而来，每一事物均以因缘和合而成，既无开始的一端，故而称之为“无始”。

②**受生**：众生受因果之报而投生于六道之中，即称之为“受生”。

译文

第三大门可分作四层加以评述：

一、辨别难行道和易行道。

二、说明时机和劫运的大小区别。

三、明众生从无始以来，即处于此三界五道中，乘着善、恶两种业力，遭受苦、乐两种果报，轮回无穷，无数次投生。

四、援引诸佛、菩萨等圣者之教，加以证明，以劝导后人产生信仰，追求往生西方净土。

原典

第一，辨难行道易行道者，于中有二：一出二种道，二问答解释。余既自居火界[①]，实想怀怖，仰惟大圣三车[②]招慰，且羊鹿之运，权息未达，佛诃邪执，障上求菩提，纵后回向，仍名迂回。若径攀大车，亦是一途，只恐现居退位，崄径遥长，自德未立，难可升进。是故龙树菩萨云：“求阿毗跋致有二种道，一者难行道，二者易行道。”

言难行道者，谓在五浊之世，于无佛时，求阿毗跋致为难。此难乃有多途，略述有五，何者？一者外道相善，乱菩萨法。二者声闻自利，障大慈悲。三者无顾恶人，破他胜德。四者所有人天，颠倒善果，坏人梵行[③]。五者唯有自力，无他力持。如斯等事，触目皆是，譬如陆路步行则苦，故曰“难行道”。

言易行道者，谓以信佛因缘，愿生净土，起心立德，修诸行业，佛愿力故，即便往生，以佛力住持，即入大乘正定聚。正定聚者，即是阿毗跋致不退位也。譬如水路乘船则乐，故名“易行道”也。

问曰：菩提是一，修因亦应不二，何故在此修因向佛果，名为难行；往生净土期大菩提，乃名易行道也？

答曰：诸大乘经所辨，一切行法，皆有自力他力，自摄他摄。何者自力？譬如有人，怖畏生死，发心出家，修定发通，游四天下，名为自力。何者他力？如有劣夫，以己身力，掷驴不上，若从轮王，即便乘空游四天下。即轮王威力，故名他力。众生亦尔，在此起心立行，愿生净土，此是自力。临命终时，阿弥陀如来光台迎接，遂得往生，即为他力。

故《大经》云："十方人天欲生我国者，莫不皆以阿弥陀如来大愿业力为增上缘④也。若不如是，四十八愿便是徒设。"语后学者，既有他力可乘，不得自局己分，徒在火宅也。

注释

①**火界：**指世俗众生所居之三界。因三界之中，充满各种烦恼众苦，有如一座火宅，众生在其中无片刻之安，故称之为火界或火宅。

②**三车：**指羊车、鹿车和大白牛车。用以比喻声闻乘、缘觉乘、大乘。下文羊鹿之运，即指羊车和鹿车，也即声闻和缘觉行者，语见《妙法莲华经·譬喻品》。

③**梵行：**清净无欲之行，称之梵行。也泛指一切追

求证悟佛理之修行。

④**增上缘：**佛家所说的“四缘”（即生成和引起事物现象的四类条件）之一。指对事物现象的生成和发展产生帮助的因素。这里指以阿弥陀佛的愿力为众生修习往生西方净土的推动力，故称之为增上缘。

译文

第一，分辨难行道和易行道。先提出此两种途径，然后再加以问答解释。我们既然居住在似烈火燃烧着的三界之内，实在想想应该感到畏惧恐怖。唯有仰仗大圣佛陀，以三乘之车求得解脱，而羊车和鹿车，仅是佛的方便说教，未达究竟证悟的境界。佛陀呵斥邪见，认为它们阻碍了进一步追求佛道之途，于是进行迂回曲折的诱导。如果不经过羊车、鹿车而直接攀登大乘之车，虽也是修行的一种途径，但只恐怕现在处于退转之位的众生，因修行的路途艰难遥远，自己德行未立，难以获得进展。所以龙树菩萨说：“要求得不退转位，有两种途径，一是难行道，二是易行道。”

所谓难行道，是说在充满五种秽浊污垢的世界，没有佛陀降世的时候，追求一直向上而不退转的果位很难。这些困难有很多种，大致而言有五种。哪五种呢？一是与佛法相违背的各种外道教义兴盛，扰乱了菩萨追求佛法之道。二是追求小乘果位的声闻弟子们，只求个人的自我解脱，阻碍了慈悲普度的大乘佛法传播。三是不信佛法的恶人乱世，破坏别人的殊胜功德。四是三界众生中所有的人和诸天，都颠倒善恶因果，破坏别人的修行。五是光依靠自己的力量修行，没有佛的本愿力，亦即是说没有他力的扶持。诸如上述各种事，触目皆是，好像陆上行路，光靠两腿步行，十分艰难，所以称作难行道。

所谓易行道者，是因为信仰佛教的因缘，发愿往生净土，起大智慧心，建立功德，修各项善业，依借佛的愿力，即能得到往生。加以佛力护持，即能进入大乘正定聚。所谓“正定聚”就是能一直通向无上正觉而决不再退转的果位。这就是如同行水路，乘坐舟船，较为省力快乐，所以名易行道。

问：佛法圆满的境界是一个整体，没有差别的，修习佛道的因缘也应当与此相应，为什么在此土修因向佛果是难行道，而往生净土以期望菩提佛果，则名易行道呢？

答：诸部大乘佛典说明，一切修行方法，都有自力他力、自摄他摄之分。什么叫自力？譬如有人惧怕生死，发心出家，修习禅定，激发神通，游行于四天下，这就名为自力。什么叫他力？例如有羸弱体虚之人，以自己的力量还上不了驴背，但若随从转轮圣王，却能随行于虚空中，周游四天下。这是借助了转轮王的威力，所以名为他力。众生也是这样，在此土发起信心，修习功德，发愿往生净土，这是自力。临命终之际，阿弥陀佛坐莲台前来接引，即得往生西方净土，此为他力。

所以《无量寿经》说：“十方人天如果想要往生安乐国土者，无不是以阿弥陀如来宏大誓愿力为助长自己善缘的力量。如不这样，那么阿弥陀佛的四十八愿就是徒然虚设的。”这是告诉后来的学佛者，既然有他力可以凭借，就不必自己束缚自己，枉自在三界火宅中多受煎熬。

原典

第二，明劫之大小者，如《智度论》云：劫有三种，谓一小、二中、三大。

如方四十里城，高下亦然，满中芥子，有长寿诸天，三年去一，乃至芥子尽，名一小劫。

或八十里城，高下亦然，芥子满中，如前取尽，名一中劫。

或百二十里城，高下亦然，芥子满中，取尽一同前说，方名大劫。

或八十里石，高下亦然，有一长寿诸天，三年以天衣[①]一拂，天衣重三铢，为拂不已，此石乃尽，名为中劫。其小石大石，类前中劫可知，不劳具述。

注释

①**天衣**：为诸天所穿之衣，重量极轻。《璎珞本业经》中说，净居天之衣，重三铢。铢为古代重量单位，汉代以二十四铢为一两。

译文

二、辨明劫运之大小。如《大智度论》中说，劫有三种：一、小劫；二、中劫；三、大劫。

假如有一个四十里见方的城郭，其中堆满芥子，高也四十里。有诸长寿天众，每隔三年去其一粒，这样一直到芥子全部去尽，其所需要的年代，即称之为一小劫。

如有一个八十里见方的城郭，其中堆满了八十里高的一堆芥子，也如前面所说那样，直到芥子去尽，方称为一中劫。

如果是一百二十里方圆的城郭，堆满同样高的芥子，再如前一样去尽，所需时间方称为一大劫。

一长寿诸天，每隔三年以仅重三铢的天衣，挥拂一块八十里高下方圆的巨石，一直到巨石被拂尽，所需的年数，称为一中劫。其小石和大石，也类似于前中劫那样，这儿就不再赘述。

原典

第三门中有五番：

第一明从无始劫来，在此轮回无穷，受身无数者。如《智度论》云，在于人中，或张家死王家生，王家死李家生。如是，尽阎浮提[①]界，或重生，或异家生。或南阎浮提死，西拘耶尼生，如阎浮提。余三天下亦如是。如四天下死，生四天王天[②]亦如是。或四天王天死，忉利天[③]生，忉利天死，生余上四天亦如是。色界有十八重天，无色界有四重天，此死生彼，一一皆遍亦如是。或色界死，生阿鼻地狱[④]；阿鼻地狱中死，生余轻系地狱；轻系地狱中死，生畜生中；畜生中死，生饿鬼道中；饿鬼道中死，或生人天中。如是轮回六道，受苦乐二报，生死无穷。胎生[⑤]既尔，余三生亦如是。

是故《正法念经》云："菩萨化生，告诸天众云：凡人经此百千生，着乐放逸[⑥]不修道，不觉往福侵已尽，还堕三涂受众苦。"

是故《涅槃经》云："此身苦所集，一切皆不净。扼缚痈疮等，根本无义利。上至诸天身，皆亦复如是。"

是故又彼经云：“劝修不放逸。”何以故？夫放逸者，是众恶之本。不放逸者，乃是众善之源。如日月光，诸明中最，不放逸法，亦复如是，于诸善法为最为上。亦如须弥山王，于诸山中，为最为上。不放逸法亦复如是，于诸善法中，为最为上。何以故？一切恶法，犹放逸而生；一切善法，不放逸为本。

注释

①**阎浮提：**即佛家所指我们娑婆世界众生所居之处，在须弥山之南部，又称为南赡部洲。佛家称我们所住之世界，以须弥山为中心。须弥山之四周有四大洲，东方为东胜身洲，南方为南赡部洲，西方为西牛货洲，即下文所说的西拘耶尼，北方为北俱卢洲。此四大洲又称为四天下。

②**四天王天：**是四位护世天王所居之处，位于须弥山的半山腰。佛教相传，那儿住着四个天王，各自守护着一方天下。

③**忉利天：**欲界六天之一，在四天王天之上，须弥山顶。

④**阿鼻地狱：**意为无间地狱，是说入此地狱者将受苦无间，故称。是佛教所说八大地狱中的第八狱，造五

逆罪、诽谤大乘者，将堕入此地狱中。

⑤**胎生**：与卵生、湿生、化生一起，是佛家所说的生命诞生的四种形式。下文的三生，即指卵生、湿生、化生。

⑥**放逸**：指在身心上放纵自己的欲望，因而离诸善行，妨碍众生之修道，是诸烦恼法中的一种，与不放逸相对。

译文

第三层内容可分作五点解释：

（一）明无始以来经历了许多劫，众生在此轮回无穷，无数次投生。如《智度论》说，在人世中，或者在张家死而生于王家，死于王家后又生于李家，如此这般，遍尽阎浮提界。或在同一家中生，或投生于别一家；或是在南阎浮提死而投生于西拘耶尼洲。其余三方天下，也如我们阎浮提洲一样。或如在四方天下死，另投生于四天王天，也是如此。或在四天王天死，投生于忉利天上；在忉利天死，投生于另外更上的四重天，也都是这样。色界还有十八重天，无色界有四重天，这儿死去投生于那儿，每重天中都是这样。或于色界死，生于阿鼻地狱；在阿鼻地狱死，投生于其他地狱；在其他地狱死，投生于畜生道中；畜生道中死的，又投生于饿鬼道中；饿鬼道中死的，或生于人、天之中，如是这般轮回于六道之中，备尝苦报和乐报，生死无穷。胎生的是这样，其余卵生、湿生、化生的也是这样。

所以《正法念处经》说："菩萨为济度众生而化生现形，告诉诸天众说，众生经过此百千道生死，执着欢乐而放逸自己，不修习佛道，不知不觉间，前世福报享受已尽，到这时乃要堕入三恶道中，遭受各种痛苦。"

所以《涅槃经》也说："这一身体是各种苦聚集而成，身上一切都是不洁净的，充满各种扼缚、痈疮等，根本没有意义和利益可言。不仅人类之身是这样，即使享受各种欢乐、幸福的诸天之身，也都是这样。"

所以经中又说："要劝大家精勤修行，不要放逸。"为什么呢？因为放逸是众恶之本，不放逸、勤于修行，才是众善之源。就如太阳和月亮的光芒是各种光亮中最明亮的，不放逸之法也是这样，在各种善法中是最上的善法。也如同须弥山是所有山中最高的山，不放逸法也是所有善法中最高的善法。为什么呢？一切恶法都是由放逸而产生，一切善法则以不放逸为根本。

原典

第二问曰：虽云无始劫来，六道轮回无际，而未知一劫之中，受几身数而言流转？

答曰：如《涅槃经》说，取三千大千世界①草木，截为四寸筹，以数一劫之中所受身父母头数，犹自不澌②。或云一劫之中所饮母乳，多于四大海水。或云一劫之中所积身骨，如毗富罗山③。如是远劫已来，徒受生死，至于今日，犹作凡夫之身，何曾思量，伤叹不已。

注释

①**三千大千世界：**或称三千世界，或称大千世界。泛指一佛所教化的区域。

②**澌：**音斯，尽的意思。

③**毗富罗山：**古印度摩揭陀国境内的一座大山，为当时著名的山，故佛经中常用以为喻。

译文

（二）问：虽然无始以来，六道轮回没有边际，但不知一劫之中，既称为流转，则要经过几次投胎？

答：如《涅槃经》所说，取来整个世界的草木，将它们截为四寸长短的计数筹码，用以计算一劫之中，因多次投生而有的父母数量，其数是令人惊愕不已的。或者说在一劫之中，因投生而吸饮的母乳，比四大海的海水还要多。或者说在一劫中多次死去而遗留下来的身骨，好像毗富罗山那么高。这样，自久远之劫以来，徒然沉沦于生死轮回之中，一直到如今，还是一个凡夫之身，何曾考虑过这些问题？真是令人伤叹不已！

原典

第三又问曰：既云旷大劫来，受身无数者，为当直尔总说令人生厌？为当亦有经文来证？

答曰：皆是圣教明文，何者？如《法华经》云："过去不可说久远大劫，有佛出世，号大通智胜如来。有十六王子，各升法座，教化众生。一一王子，各各教化六百万亿那由他恒河沙众生。其佛灭度已来，至极久远，犹不可数知。"何者？经云：总取三千大千世界大地，磨以为墨。佛言，是人过千国土乃下一点，大如微尘，如是展转，尽地种墨。佛言，是人所经国土，若点不点，尽抹为尘，一尘一劫，彼佛灭度已来，复过是数。今日众生，乃是彼时十六王子座下，曾受教法，是故经云："以是本因缘，为说《法华经》。"《涅槃经》复云："一是王子，一是贫人，如是二人互相往反。"言王子者，今日释迦如来，乃是彼时第十六王子也；言贫人者，今日众生等是。

译文

（三）又问：既说久远旷劫以来，曾经投生受身无数次，这是为让人产生厌弃的情绪概而言之呢？还是确有经文加以证实呢？

答：这些都是大圣之教，有明文可查。如《法华经》说："过去很久很久以前，有一位号称大通智胜如来的佛陀出世，当时有十六个王子，各升座说法教化众生。每一个王子都教化了六百万亿恒河沙数的众生。其佛灭度以来，已经至极久远，所以其数更无法数清了。"为什么呢？经中说：以三千大千世界的大地，磨以为墨。佛说，此人过一千个这样的国土才用墨点一点，而且这一点只是微尘那样大小，尽所有土地，用尽这么多墨。佛说，此人所经国土，不论点与不点的，都抹为尘土，以一尘为一劫，那位佛灭度以来，已经超过了这么多数的劫。现在的众生，乃是当时十六个王子座下曾受教法之众。所以经中又说："以这样的因缘而说这部《法华经》。"《涅槃经》中又说："一是王子，一是穷人，两者不断往返转生。"所说的王子乃是现在的释迦佛，亦是当时的第十六个王子；所说的穷人即是现在的芸芸众生。

原典

第四问曰：此等众生，既云流转多劫，然三界之中，何趣受身为多？

答曰：虽言流转，然于三恶道中，受身偏多。如经说云："于虚空中，量取方圆八肘[①]，从地至于色究竟天[②]，于此量内，所有可见众生，即多于三千大千世界人天之身。"故知恶道身多。何故如此？但恶法易起，善心难生故也。今时但看现在众生，若得富贵，唯事放逸破戒。天中即复着乐者多。是故经云："众生等是流转，恒三恶道为常家，人天暂来即去，名为客舍故也。"

依《大庄严论》，劝一切众生，常须系念现前。偈云：

盛年无患时，懈怠不精进，
贪营众事务，不修施戒禅。
临为死所吞，方悔求修善，
智者应观察，除断五欲[③]想。
精勤习心者，终时无悔恨，
心意既专至，无有错乱念。
智者勤投心，临终意不散，
不习心专至，临终必散乱。
心若散乱时，如调马用硙[④]，
若其斗战时，回旋不直行。

注释

①**肘：**古印度度量长度的单位，据《俱舍论》说，以二十四指节为一肘。《四分律羯磨疏》言一肘为一尺八寸，另有多种说法。

②**色究竟天：**色界诸天之一，位于色界的最上一层。

③**五欲：**指人的心念对于外界色、声、香、味、触等五境所起的欢喜爱乐或厌恶痛恨之情感。佛家以五欲为引起人的烦恼，妨害修行的因素，故而当断除。

④**硙：**碾米用的石磨。

译文

（四）问：如此众生既然流转于许多劫中，然三界之中，投生于哪一道的众生最多呢？

答：虽然说是处于流转之中，但是六道之中，以投生于三恶道中较多。如经中说："于虚空中量取约八个手臂方圆的面积，从地上一直通向色究竟天，在这个范围内所有可见的众生数量，即多于三千大千世界的人和诸天之数。"所以知道投生于恶道的众生较多。为什么会这样呢？因为作恶容易，而善心难以生成。只要看看现在的众生，一得到富贵，便做出放逸自己而破坏了戒法之事。诸天之中也是这样，耽着于欢乐的比较多。所以经中说："众生等如此流转于生死之间，经常以三恶道为自己投生之家，而于人、天之中则短时地投来即便匆匆离去，好像是旅途中的客店而已。"

依《大庄严经论》，劝一切众生经常要系念现前。偈说：

当你年富力强而无各种忧患之时，
常常会有懈怠之情而不愿努力修行；
贪着于经营种种世俗的事务，
从未想到要修习布施、戒律和禅定。
一旦生命即将终结死到临头，
方悔恨平时未及时修习善行，而于此时才临时抱佛脚；
聪明的人应当于平时仔细观察，
灭除色、声、香、味、触等种种欲念妄想。
只有平时努力修行，守持心念者，
临终时才不会产生悔恨；
心念意志既然专注于一，
就不会产生杂乱之念。
有智者平时常守持己心，
临终时意念才不会散乱；
如平时不修习使心专注于一，

临终时心意必然散乱。

此心如经常放逸散乱，

就如同以石磨来训练战马；

如果战斗一旦爆发，

这些战马就只会回旋而不会勇往直前。

原典

第五又问曰：一切众生皆有佛性，远劫以来应值多佛，何因至今仍自轮回生死，不出火宅？

答曰：依大乘圣教，良由不得二种胜法以排生死，是以不出火宅。何者为二？一谓圣道，二谓往生净土。其圣道一种，今时难证。一由去大圣遥远，二由理深解微。是故《大集月藏经》云："我末法[①]时中，亿亿众生起行修道，未有一人得者。当今末法，现是五浊恶世，唯有净土一门，可通入路。"是故《大经》云："若有众生，纵令一生造恶，临命终时，十念相续，称我名字，若不生者，不取正觉。"

又复一切众生，都不自量，若据大乘，真如实相第一义空，曾未措心。若论小乘，修入见谛修道，乃至那含、罗汉[②]，断五下[③]，除五上[④]，无问道俗，未有其分。纵有人天果报，皆为五戒十善能招此报，然持得者甚希。

若论起恶造罪，何异暴风驶雨，是以诸佛大慈，劝归净土。纵使一形造恶，但能系意专精，常能念佛，一切诸障自然消除，定得往生。何不思量，都无去心也。

注释

①**末法：**即末法时期。佛教认为，当佛陀入灭后，佛法的流传，将经历正法、像法、末法三个阶段。当末法时期，佛法将灭，众生根机浅钝，无法证悟佛道。末法思想是净土信仰的重要基础。

②**那含、罗汉：**即阿那含、阿罗汉，是小乘佛教修行者证悟的果位。阿那含意为不还，指通过修行，已断灭欲界九品之惑，不再来欲界受生。阿罗汉果若狭义言之，则是小乘修行的最高果位，意为无学，指到达了修行的顶端。获此果位者已灭尽烦恼，应受人天供养，并进入涅槃境界，不再进入生死轮回之中。

③**五下：**指五下分结，结是系缚而不得解脱的意思。五下分结是欲界的五种结惑，因它们起自欲界，不能超出欲界，所以称之为下分结，是相对于色界、无色界的上分结而言。

④**五上：**即指色界、无色界的五上分结。所有五下、五上结惑，都属众生之烦恼，因此须断除。

译文

（五）又问：一切众生都有佛性，久远劫来应逢许多佛，为什么至今仍是轮回于生死之中，没有出离三界火宅？

答：依照大乘圣教所说，是因为众生没有获得二种能排除生死的殊胜法门，所以未能出离三界火宅。哪二种胜法呢？一是圣道，二是往生净土。其中圣道一种现在难以证悟，一则因为离诸佛陀圣者时代遥远，二则因为佛理深奥而众生理解能力太差。所以《大集月藏经》说：“在末法时代中，亿亿众生生起修道之心，没有一人能获道的。当今正是末法时代，现在世界充满五种污浊，因此唯有净土一门可以通往佛道。”所以《无量寿经》说：“阿弥陀佛曾经发愿，如有众生，即使一生造恶，但只要临命终时刻，以十念相续，称诵我的名字，就必能往生于我的国土。如不能往生的话，我决不证无上正等正觉。”

又由于一切众生都不自量力，对于大乘佛法、诸法实相、第一义空等佛法真理都未曾用心。如说到小乘佛法修行四谛、八圣道支，乃至一直修到阿那含、阿罗汉果位，断灭欲界的五种结惑，除去色界、无色界的五种结惑，无论道俗都是如此。纵然获得人天果报，都是因为行五戒十善才能得到此等果报，然而能获这种果报的人也很稀少。如说到起恶心、造罪业，却如暴风骤雨，既凶又猛。所以诸佛以大慈悲之心，劝引众生归向净土。即使一生造罪者，只要能专心致志地经常念佛，一切障孽自然能消除，定然可以得到往生。为什么不想想，这些都是因为没有往生的信念呢。

原典

自下第四，引圣教证成，劝信求生者。依《观佛三昧经》云："尔时，会中有财首菩萨白佛言：'世尊，我念过去无量劫时，有佛出世，亦名释迦牟尼佛。彼佛灭后，有一王子，名曰金幢，憍慢邪见，不信正法。有知识比丘，名定自在，告王子言，世有佛像，极为可爱，可暂入塔，观佛形像。时彼王子，从善友语，入塔观像，见像相好，白言：比丘，佛像端严，犹尚如此，况佛真身！比丘告言：王子，今见佛像，不能礼者，当称南无佛。还宫系念，念塔中像。即于后夜，梦见佛像，心大欢喜，舍离邪见，归依三宝，随寿命终。由前入塔，称佛功德，即得值遇九百亿那由他佛，于诸佛所，常勤精进，恒得甚深念佛三昧。念佛三昧力故，诸佛现前，皆与授记[①]。从是以来，百万阿僧祇劫，不堕恶道。乃至今日，获得首楞严三昧。尔时王子者，今我财首是也。’尔时会中，即有十方诸大菩萨，其数无量，各说本缘，皆依念佛得。

“佛告阿难：‘此观佛三昧，是一切众生犯罪者药，破戒者护，失道者导，盲冥者眼，愚痴者慧，黑暗者灯，烦恼贼中大勇猛将，诸佛世尊之所游戏②，首楞严等诸大三昧始出生处。’佛告阿难：‘汝今善持，慎勿忘失。过去、未来、现在三世诸佛，皆说如是念佛三昧，我与十方诸佛及贤劫③千佛，从初发心，皆因念佛三昧力故，得一切种智。’”

又如《目连所问经》：“佛告目连，譬如万川长流，有浮草木，前不顾后，后不顾前，都会大海。世间亦尔，虽有豪贵，富乐自在，悉不得免生老病死，只由不信佛经，后世为人，更甚困剧，不能得生千佛国土，是故我说无量寿佛国，易往易取，而人不能修行往生，反事九十五种邪道。我说是人，名无眼人，名无耳人。”经教既尔，何不舍难依易行道矣！

注释

①**授记：**授予记别，指佛对诸弟子作将来必定做佛的预言，一作记莂。

②**游戏：**指诸佛、菩萨以神通力游于世间，以佛法

教化众生为自娱之事，称之为游戏。

③**贤劫：**劫即梵语音译劫波之略，是形容时间长久的计时单位。佛家指我们现在所经历的劫时为贤劫。据说在我们现在经历的这一劫中，将有一千佛出世，所以称贤劫。

译文

第四，以下引证佛陀圣教，以劝导众生欣求往生，坚定信念。按《观佛三昧海经》说："那时聚会中有财首菩萨对佛说：'世尊，我追忆过去无数劫以前，有佛出世，也称作释迦牟尼佛。其佛灭后，有一个名叫金幢的王子，心怀骄慢邪见，不信奉佛法。有一位善知识名叫定自在的比丘告诉王子说，世上有佛像，极为可爱，你可到塔中去看一看，观看一下佛的形象。这时王子听从了善友的劝导，进塔中观看佛像。他见到佛像的各种美好相貌，对比丘说，佛像端严尚且如此，更何况佛陀的真身呢？比丘告诉王子，见到佛像，如不能礼拜，也应当称言南无佛。王子回宫以后，心中还在思念塔中的佛像，即于下半夜睡梦中见到佛像，心中生起极大的欢喜之情。随后便舍弃了邪见，皈依了佛、法、僧三宝。寿尽命终以后，由于先前入塔称念佛号的功德，即得相逢九百亿的佛。

并且在诸佛跟前经常精进修行，获得了很深的念佛三昧功德。由于念佛三昧的功力，又使诸佛现于面前，都授予他将来必定成佛的预记。从那时以来，经历了百万无数劫而从不堕于恶道中，直到今日获得了健行禅定。那时的王子，就是我财首也。'当时会中还有十方无数诸大菩萨，各自叙说自己的本缘，都是因依仗念佛之力而得果。

"佛告诉弟子阿难：'此观佛三昧，是医治一切众生犯罪的药，是破戒者的救护，是迷途者的指引，能使盲者复明，能启发愚者的智慧，是黑暗中的明灯，是搏杀诸烦恼贼的勇将，是诸佛世尊的无碍神通，是引发首楞严等诸禅定的渊源。'佛告诉阿难：'你今要好好护持此念佛三昧，千万不能忘记丢失。过去、未来、现在的三世诸佛，都说此念佛三昧，我与十方诸佛，乃至现在贤劫的千佛，从开始发心时，都是因为此念佛三昧力量的缘故，而获得无上圆满的智慧。'"

又如《目连所问经》中说："佛告诉目连，譬如万川长流，水中浮动的草木，前后互不相顾，但都会聚于大海中。世间也是这样，虽然有豪贵，富乐自在，但却不免生老病死之苦。只因不信佛经，所以到下一世为人更加痛苦，不能投生于千佛的国土。所以我说无量寿佛国土，易往易行，但人们不能修行往生，反而从事九十五种邪道。我说这样的人是无眼的瞎子，是无耳的聋子。”经教既然如此说，我们何不舍弃难行道而选择易行道呢！

2 卷下

原典

第四大门中，有三番料简：第一，依中国[①]三藏法师[②]并此土大德[③]等，皆共详审圣教，叹归净土，今以劝依。第二，据此经宗及余大乘诸部，凡圣修入，多明念佛三昧以为要门。第三，问答解释，显念佛者得种种功能利益不可思议。

注释

①**中国**：指古印度恒河流域一带地区。

②**三藏法师**：指通晓经、律、论三藏的僧人。

③**大德**：本为对长老、比丘或佛、菩萨的尊称，后

也用作对有德高僧的尊称。

译文

第四大门分三部分评述。第一，印度三藏法师及我国的诸大德，在详尽审视佛陀圣教后，都赞叹归向诸佛净土，今依据此而劝众生皈依净土。第二，依据各部大乘经论所说，凡圣修习入道者，多明以念佛三昧为要门。第三问答解释，显示念佛者的种种奇妙不可思议的功德利益。

原典

第一，依中国及以此土大德所行者。余五翳面墙[①]，岂宁自辄[②]？但以游历披勘，敬有师承。何者？谓中国大乘法师流支三藏[③]；次有大德呵避名利，则有慧宠法师；次有大德寻常敷演，每感圣僧来听，则有道场法师；次有大德和光孤栖，二国慕仰，则有昙鸾法师；次有大德禅观独秀，则有大海禅师；次有大德聪慧守戒，则有齐朝上统[④]。然前六大德，并是二谛神镜，斯乃佛法纲维，志行殊伦，古今实希，皆共详审大乘，叹归净土乃是无上要门也。

问曰：既云叹归净土乃是要门者，未知此等诸德，临终时皆有灵验已不?

答曰：皆有不虚。如昙鸾法师，康存之日常修净土，亦每有世俗君子来呵法师曰："十方佛国，皆为净土，法师何乃独意注西？岂非偏见生也。"法师对曰："吾既凡夫，智慧浅短，未入地位[5]，念力须均，如似置草引牛，恒须系心槽枥，岂得纵放，全无所归？"虽复难者纷纭，而法师独决。

是以无问一切道俗，但与法师一面相遇者，若未生正信，劝令生信，若已生正信者，皆劝归净国。是故法师临命终时，寺傍左右道俗，皆见幡花映院，尽闻异香，音乐迎接，遂往生也。余之大德，临命终时皆有征祥，若欲具谈往生之相，并不可思议也。

注释

①**五翳面墙：** 翳是遮蔽的意思。五翳即是五种遮蔽眼目的东西。面墙，比喻一个人学问粗疏，见闻浅薄，好像面对着墙壁，什么都看不见。《后汉书·和熹邓皇后纪》有"今末世贵戚，食禄之家，温衣美饭，乘坚驱良，而面墙术学，不识臧否，斯故祸败所从来也"。这是道绰法师的自谦之语。

②**自辄：** 辄本是古代车厢两旁向外翻出的木板，以

供凭倚之处，形状如同车之两耳。后引申为倚恃妄作。自辄，即为自专、独断之意。

③**流支三藏：**指北魏时，来自北印度的三藏菩提流支（一作菩提留支）。他除了译出许多佛教经论之外，曾向昙鸾法师传授《观无量寿经》，阐述西方净土信仰的道理，并引导昙鸾法师归向净土信仰。他还译出《无量寿经论》（即《往生论》），此论后来成了中国佛教净土宗依据的主要论著。

④**齐朝上统：**即指北齐时著名僧人法上。因他曾任北齐的最高僧官上统（大统），因此称齐朝上统。自流支三藏以下，慧宠、道场、昙鸾、大海、法上等人，都为当时净土信仰的实践者，故而道绰在这儿举他们为例，以劝导众人归向净土。

⑤**智慧浅短，未入地位：**地位即阶位。佛法之修行，分为一定的阶段，每一阶段修习的内容以及所获功德果位都不一样。这里的"智慧浅短，未入地位"，亦是道绰法师的自谦之语。

译文

一、以印度及我国诸大德的修行实践为依据。我本人因眼目不明而没什么见识，岂敢擅自为言？但以多年游历及披阅典籍所见所闻为根据，以示恭敬而有师承相传。这些大德是哪几位呢？首先是印度的大乘法师菩提流支三藏，其次有呵避名利的慧宠法师，接着有平常讲演佛法时，每每感得诸圣者前来听讲的道场法师；还有和光孤栖，享誉于魏、齐两朝的昙鸾法师，以禅观独秀的大海禅师，以及聪慧守戒的齐朝上统法上法师。以上六位法师都精于二谛义理，二谛是佛法的纲领，而他们的志向行为无与伦比，自古至今实为稀有。如此大师都能详尽审视大乘教法，而赞叹归向净土乃是无上要门。

有人问道：既然说赞叹归向净土乃是无上要门，不知这些法师临命终时，是否都有什么应验？

答：都有灵验，绝不虚言。如昙鸾法师健在时，经常修习净土，也常常有世俗的人呵责法师说："十方佛国都是净土，你为何独专意于西方净土呢？这岂不是会产生偏见吗？"法师回答说："我既是凡夫，智慧短浅，还未获得果位，信念力必须均衡，好像用草引牛，心念须恒常系于槽枥之上，岂能放纵而全无归宿？"虽然不断有责难者提出许多疑问，但法师却坚定而不动摇。

所以无论一切道俗，只要与法师有一面之遇，假如此人尚未产生信仰，则劝其信仰佛法；如已对佛法产生信仰，则劝其归向佛国净土。所以法师临命终时，寺旁左右道俗都看到幡旗天花映满寺院，尽闻异香及音乐声前来迎接法师往生。其余的各位法师，临命终时，也都有各种祥瑞征兆。如想要具体地叙述各种往生的状况，则都是奇妙而不可思议的。

原典

第二，明此彼诸经多明念佛三昧为宗者。就中有八番。初二明一相三昧[①]，后六就缘依相明念佛三昧。

第一依《花首经》，佛告坚意菩萨，三昧有二种，一者有一相三昧，二者有众相三昧。

一相三昧者，有菩萨闻其世界有其如来现在说法，菩萨取是佛相，以现在前，若坐道场，若转法轮，大众围绕。取如是相，收摄诸根，心不驰散，专念一佛，不舍是缘。如是，菩萨于如来相及世界相了达无相，常如是观，如是行，不离是缘。是时佛像即现在前而为说法，菩萨尔时深生恭敬，听受是法，若深若浅，转加尊重。菩萨住是三昧，闻说诸法皆可坏相，闻已受持，从三昧起，能为四众演说是法。佛告坚意，是名菩萨入一相三昧门。

注释

①**一相三昧：**三昧即禅定。以息心静虑，观一佛之相而进入禅定之境界，即称之为一相三昧。后文引《花

首经》，即对一相三昧之修行作具体的解释。

译文

二、说明西土和此土诸部经典，多阐明以念佛三昧为宗旨。可分八点，前二点说明一相三昧，后六点就缘依相来说明念佛三昧。

（一）依《花首经》说，佛告诉坚意菩萨，三昧有二种，一种叫一相三昧，另一种叫众相三昧。

所谓一相三昧，是说有菩萨闻得某世界有某如来现在演说佛法，菩萨以此佛的形相安置于前，或端坐于道场中，或如在说法之形，大众围绕四周。取如此之相，收摄眼、耳、鼻、舌、身诸感官，并使心不驰散，专心意念于一佛，念念不舍。这样从如来的形相推及世界之实相，进而进一步理解此实相就是无相。经常这样观行，不离此缘，这时佛像就会现于面前，为菩萨说法。这时菩萨内心深处生起恭敬之心，或浅或深，听闻接受此佛法，转而更生敬重之心。菩萨住于这样的三昧中，闻说世界万物就是生灭变化之理，听闻后即信受奉持此教法，从三昧而起，即能为诸信众演说此法。佛告诉坚意菩萨，这就是菩萨进入的一相三昧门。

原典

第二，依《文殊般若》明一行三昧[1]者。时文殊师利白佛言："世尊，云何名为一行三昧？"佛言："一行三昧者，若善男子、善女人，应在空闲处，舍诸乱意，随佛方所，端身正向，不取相貌，系心一佛，专称名字，念无休息。即是念中能见过、现、未来三世诸佛。何以故？念一佛功德无量无边，即与无量诸佛功德无二，是名菩萨一行三昧。"

注释

①**一行三昧**：即一相三昧。因行此三昧时，以心定于一行，故名。《三藏法数》四说："一行三昧者，惟专一行，修习正定也。"

译文

（二）依据《文殊般若经》说明一行三昧。当时文殊菩萨对佛说："世尊，什么叫作一行三昧呢？"佛告诉他说："所谓一行三昧，就是信奉佛法的善男子、善女人，应当在空闲的地方，舍去各种扰乱心意的念头，端正身体，面对佛陀所在的方向，并不是从佛陀的外在相貌，而是专心系念一佛，专称其佛名号，使自己的忆念不间断。就在忆念中便能见到过去、现在、未来的三世诸佛，这是什么缘故呢？忆念此佛的功德无量无边，即能与无数佛的无边功德契合无二，这就称为菩萨的一行三昧。”

原典

第三，依《涅槃经》，佛言：“若人但能至心常修念佛三昧者，十方诸佛恒见此人，如现在前。”是故《涅槃经》云：“佛告迦叶菩萨，若有善男子、善女人，常能至心专念佛者，若在山林，若在聚落，若昼若夜，若坐若卧，诸佛世尊常见此人，如现目前，恒与此人而住受施①。”

注释

①**受施：**指受与施。受为领纳，施为给予。

译文

（三）依《涅槃经》说，佛说道：“如有人只要能专心一意，经常修习念佛三昧，那么在十方诸佛处，就能经常见到此人，好像就在面前。”所以《涅槃经》说：“佛告诉迦叶菩萨，如有善男子、善女人，常能专心致志念佛，若在山林中，若在村落间，若白天若黑夜，若坐若卧，诸佛世尊常见此人如现在眼前，常与此人同住，并施受佛法。”

原典

第四，依《观经》及余诸部，所修万行但能回愿，莫不皆生，然念佛一行，将为要路。何者？审量圣教，有始终两益。若欲生善起行，则普该诸度；若灭恶消灾，则总治诸障。故下经云，念佛众生，摄取不舍，寿尽必生，此名始益。

言终益者，依《观音授记经》云，阿弥陀佛住世长久，兆载永劫，亦有灭度。般涅槃时，唯有观音、势至，住持安乐，接引十方。其佛灭度，亦与住世时节等同，然彼国众生，一切无有睹见佛者，唯有一向专念阿弥陀佛往生者，常见弥陀现在不灭，此即是其终时益也。所修余行，回向皆生，世尊灭度，有睹不睹，劝后代审量，使沾远益也。

译文

（四）依《观经》及其他诸部经典说，所修万行，但能回向发愿，莫不往生，然而唯以念佛一门尤为重要。为什么呢？仔细审量佛陀圣教，有始益与终益两种，如欲生善心而起修行，则普遍贯通于各种修行方式中；如灭恶消灾，则能总治各种烦恼惑障。所以经中说，念佛众生，摄取此功德而不舍，寿终必将往生此佛国土，此即名为始益。

说终益者，依《观音授记经》说，阿弥陀佛住世时间长久，但经亿兆载长久的时间，也会示现灭度之相。当其进入涅槃之时，唯有观音和大势至菩萨住持安乐世界，接引十方众生。因而阿弥陀佛灭度后，安乐净土也与他在世时一样。然而其国众生，一切没有见过阿弥陀佛者，唯有将意念专注于阿弥陀佛而得往生者，仍可常见阿弥陀佛依然还在，并未灭度，这就是终时益也。而修习其余各种法门的，只要将其修习功德回向净土，都得往生，但佛世尊灭度后，则有见过佛和未见佛的区别，所以奉劝后人仔细审量，从而使大家都能得到长远之益处也。

原典

第五，依《般舟经》云，时有跋陀和菩萨，于此国土，闻有阿弥陀佛，数数系念。因是念故，见阿弥陀佛，既见佛已，即从启问，当行何法，得生彼国？尔时，阿弥陀佛语是菩萨言，欲来生我国者，常念我名，莫有休息，如是，得来生我国土。当念佛身三十二相悉皆具足，光明彻照，端正无比。

译文

（五）依《般舟经》所说，一时有位跋陀和菩萨，于此国土听说有阿弥陀佛，于是屡屡系念，因系念的缘故，得见阿弥陀佛。既见到佛，即向佛请教，应当修行什么样的法门才能往生其佛国土？这时阿弥陀佛告诉他说，想要投生于我国土的众生，应当经常念我的名号，不要歇息，这时便能来生我国土。应当思念佛身的各种圆满相好，佛的光明彻照，端正无比。

原典

第六，依《大智度论》，有三番解释：

第一，佛是无上法王，菩萨为法臣，所尊所重，唯佛世尊，是故应当常念佛也。

第二，有诸菩萨自云，我从旷劫以来，得蒙世尊长养我等法身、智身、大慈悲身，禅定、智慧、无量行愿，由佛得成。为报恩故，当愿近佛。亦如大臣，蒙王恩宠，常念其主。

第三，有诸菩萨，复作是言：我于因地[1]，遇恶知识，诽谤般若，堕于恶道，经无量劫，虽修余行，未能得出。后于一时，依善知识边，教我行念佛三昧，其时即能并遣诸障，方得解脱，有斯大益，故愿不离佛。

注释

①**因地：**与果地相对，指获得一定果位之前的修行阶段。佛家重因果，任何果报必然有其相应的各种因缘构成，这些因缘的形成过程，相对于这一果报而言，即为因地。

译文

（六）依《大智度论》有三种解释：

一是佛乃无上法王，菩萨是法王之臣，尊重信服的唯是佛世尊，所以应当常常念佛。

二是有诸菩萨说，我从无始旷劫以来，得蒙佛世尊长养我们的法身、智慧之身、大慈悲身。我们的禅定功德、所获的智慧以及无量的行愿，都是由于佛陀的恩惠而成。为了报答佛恩，所以愿经常亲近于佛。就好比大臣承蒙帝王的恩宠，经常思念其主一样。

三是有诸菩萨这样说，我在证得果位之前，处于修行过程中，由于遇到不信佛法的恶友，诽谤佛教真理，因而堕于恶道之中，经过无数劫的痛苦，其间虽然也修习过其他法门，但未能出离三界之苦。后来遇到一位善知识，教我修习念佛三昧，那时即摒除了各种烦恼惑障而获得解脱，有这等巨大功德利益，所以愿意常不离佛。

原典

第七，依《华严经》云："宁于无量劫，具受一切苦，终不远如来，不睹自在力。"又云："念佛三昧必见佛，命终之后生佛前，见彼临终劝念佛，又示尊像令瞻敬。"

又，善财童子求善知识[①]，诣功德云比丘所，白言："大师，云何修菩萨道，归普贤行[②]也？"是时，比丘告善财曰："我于世尊智慧海中，唯知一法，谓念佛三昧门。何者？于此三昧门中，悉能睹见一切诸佛及其眷属、严净佛刹，能令众生，远离颠倒。念佛三昧门者，于微细境界中，见一切佛自在境界，得诸劫不颠倒。念佛三昧门者，能起一切佛刹，无能坏者，普见诸佛，得三世不颠倒。"

时功德云比丘告善财言："佛法深海，广大无边。我所知者，唯得此一念佛三昧门，余妙境界，出过数量，我所未知也。"

注释

①**善财童子求善知识：**见《华严经·入法界品》，是说善财童子发心修佛道，在文殊师利菩萨指点下，先后参访五十三位圣贤，最后得成正果的故事。下文功德云比丘即其中之一。

②**普贤行：**即指普贤行愿。据《华严经·普贤菩萨行愿品》说，普贤菩萨修行时，曾发下十个大愿，因其广大，故又称为愿海，并常常被作为一切菩萨行的代表。

译文

（七）依《华严经》说："宁愿于无量劫中，备受一切苦难，而终究不远离如来，不睹自在之力。"又说："念佛三昧必能见佛，命终之后生于佛前，见其临终劝其念佛，又示尊像令他瞻仰致敬。"

又，善财童子参访各各善知识，来到功德云比丘处，对比丘说："大师，什么叫修习菩萨道，而归向普贤行愿呢？"这时比丘告诉善财童子说："我只知道在世尊如大海一样的智慧中，有一法门叫作念佛三昧。什么叫念佛三昧呢？即在此三昧中，能够看到一切诸佛及其眷属、庄严清净的佛刹，还能使众生远离各种颠倒妄想。念佛三昧法门能在极其细微的境界中，看到一切佛的自在境界，从而得如实而不颠倒的智慧。念佛三昧能生起一切佛的国土，没有什么能毁坏此国土。能普见十方诸佛，得三世如实不颠倒的智慧。”

当时功德云比丘还告诉善财说：“佛法深广有如一望无际的大海，但我所知晓的，唯有这一念佛三昧法门，至于其他各种微妙境界，有许许多多，只是我所未知也。”

原典

第八，依《海龙王经》，时海龙王白佛言：“世尊，弟子求生阿弥陀佛国，当修何行，得生彼土？”佛告龙王：“若欲生彼国者，当行八法。何等为八？一者常念诸佛。二者供养如来。三者咨嗟世尊。四者作佛形像，修诸功德。五者回愿往生。六者心不怯弱。七者一心精进。八者求佛正慧。”佛告龙王：“一切众生，具斯八法，常不离佛也。”

问曰：不具八法，得生佛前，不离佛不？

答曰：得生不疑。何以得知？如佛说《宝云经》时，亦明十行具足，得生净土，常不离佛。时有除盖障菩萨白佛：“不具十行，得生已不？”佛言：“得生。但能十行之中，一行具足无阙，余之九行悉名清净，勿致疑也。”

又《大树紧那罗王经》云：“菩萨行四种法，常不离佛前。何等为四？一者自修善法，兼劝众生，皆作往生见如来意。二者自劝劝他，乐闻正法。三者自劝劝他，发菩提心。四者一向专志行念佛三昧。”具此四行，一切生处常在佛前，不离诸佛。

又经云：“佛说菩萨行法，有三十二器。何者？布施是大富器，忍辱是端正器，持戒是圣身器，五逆不孝是刀山、剑树、镬汤器，发菩提心是成佛器，常能念佛往生净土是见佛器。①”略举六门，余者不述。

圣教既尔，行者愿生，何不常念佛也？又依《月灯三昧经》云：“念佛相好及德行，能使诸根不乱动。心无迷惑与法合，得闻得智如大海。智者住于是三昧，摄念行于经行所，能见千亿诸如来，亦值无量恒沙佛。”

注释

①**布施是大富器……佛器：**佛家从因果报应之学说出发，认为行布施者，将来必得大富，故而言布施是大富器。下文忍辱是端正器、持戒是圣身器等，也是同样的意思。

译文

（八）《海龙王经》说，当时海龙王曾对佛说：“世尊，弟子希望求生阿弥陀佛国，应当怎样修行，才能往生其土？”佛告诉龙王：“若希望生极乐国土者，应当修行八种法。哪八种呢？一是常念诸佛，二是供养如来，三是赞叹佛世尊，四是制作佛像，修积各种功德，五是回向发愿往生净土，六是心不生怯弱，七是一心精进，八是追求佛法无上真正智慧。”佛又告诉龙王说：“一切众生只要具备此八法，便能常不离佛。”

问：如未具足完备此八法，是否能够投生于佛前而不离佛呢？

答：肯定能生，不必有怀疑。怎么知道的呢？如佛说《宝云经》时，也说明十种修行具备，便得往生净土，常不离佛。当时有除盖障菩萨问佛说：“不具足完备此十行，能生净土吗？”佛说：“能生。只要能在十行之中有一行具足无阙失，其余九行都会清净不失，不必怀疑。”

又，《大树紧那罗王经》说：“菩萨行四种法，常不离佛前。”哪四种呢？一是自己修习善法，并劝导众生，都作往生净土见如来之心念。二是不仅自己，还要劝他人乐于听闻佛法。三是自劝及劝他人一起发无上正等正觉大心。四是一心专意行念佛三昧。具备此四种行，那么一切投生之处，经常是在佛前，不离开诸佛国土。

又经中说：“佛说菩萨行法，有三十二器。”什么是三十二器呢？行布施能得大富贵，因此布施是大富之器。

同样，忍辱是形貌端正之器，持戒是成就圣身之器，五逆不孝是刀山、剑树、镬汤之器，发菩提心是成佛之器，常能念佛、往生净土是见佛之器。这儿约略举以上六器，余者不多赘述。

圣者所教既是这样，行者发愿往生，为何不常念佛呢？又依《月灯三昧经》说："忆念佛的相好及德行，就能使眼、耳、鼻、舌、身、意等诸根不乱，使心意不迷惑，于是契合佛法，得以听闻而智慧如大海。聪明的人住于此三昧中，将自己的心念收摄专一，就能见到千亿位如来，亦能逢遇无数恒河沙数的佛陀。"

原典

第三，问答解释，显念佛三昧有种种利益。有其五番：

第一问曰：今云常修念佛三昧，仍不行余三昧也？

答曰：今言常念，亦不言不行余三昧，但行念佛三昧多故，故言常念，非谓全不行余三昧也。

第二问曰：若劝常修念佛三昧，与余三昧能有阶降以不？

答曰：念佛三昧，胜相不可思议。此云何知？如摩诃衍[①]中说云：诸余三昧，非不三昧。何以故？或有三昧，但能除贪，不能除嗔痴；或有三昧，但能除嗔，不能除痴贪；或有三昧，但能除痴，不能除贪嗔；或有三昧，但能除现在障，不能除过去、未来一切诸障。若能常修念佛三昧，无问现在、过去、未来，一切诸障悉皆除也。

第三问曰：念佛三昧既能除障，得福功利大者，未审亦能资益行者，使延年益寿以不？

答曰：必得。何者？如《惟无三昧经》云，有兄弟二人，兄信因果，弟无信心，而能善解相法。因其镜中，自见面上，死相已现，不过七日。时有智者，教往问佛。佛时报言，七日不虚，若能一心念佛、修戒，或得度难。寻即依教系念，时至六日，即有二鬼来，耳闻其念佛之声，竟无能前进。还告阎罗王，阎罗王索符，已注云，由持戒念佛功德，生第三炎天[②]。

又《譬喻经》中，有一长者，不信罪福，年已五十，忽夜梦见刹鬼索符，来欲取之，不过十日。其人眠觉，惶怖非常，至明求觅相师占梦。师作卦兆云：有刹鬼必欲相害，不过十日。其人惶怖倍常，诣佛求请。佛时报云：若欲攘此，从今已去，专意念佛持戒、烧香、然[③]灯、悬缯幡盖、信向三宝，可免此死。即依此法，专心信向。刹鬼到门，见修功德，遂不能害，鬼即走去。其人缘斯功德，寿满百年，死得生天。复有一长者，名曰执持，退戒还佛，现被恶鬼打之。

第四问曰：此念佛三昧，但能对治诸障，唯招世报，亦能远感出世无上菩提以不？

答曰：得。何者？如《华严经·十地品》[④]云，始从初地，乃至十地，于一一地中，皆说入地加行道[⑤]。地满功德，利已不住。道讫，即皆结云："是诸菩萨，虽修余行，皆不离念佛、念法、念僧，上妙乐具，供养三宝。"以斯文证，得知诸菩萨等，乃至上地，常学念佛、念法、念僧，方能成就无量行愿，满功德海。何况二乘、凡夫，求生净土，不学念佛也？何以故？此念佛三昧，即具一切四摄六度[⑥]，通行通伴故。

第五问曰：初地已上菩萨，与佛同证真如之理，名生佛家[⑦]，自能作佛，济运众生，何须更学念佛三昧愿见佛也？

答曰：论其真如，广大无边，与虚空等，其量难知。譬如一大暗室，若然一灯二灯，其明虽遍，犹为暗也。渐至多灯，虽名大明，岂及日光？菩萨所证智，虽地地相望，自有阶降，岂得比佛如日明也？

注释

①**摩诃衍：**梵文音译，全称摩诃衍那，大乘之意。

②**第三炎天：**炎天又译作夜摩天。为欲界六天的第

三重，在忉利天之上，兜率天之下。

③**然：**通燃。

④**《华严经·十地品》：**是《华严经》中重要的一品，主要讲述菩萨在修习佛道过程中所经历的十个阶位，并详细阐述了这十个阶位的修习内容和所得的功德果位。

⑤**加行道：**道即佛道，指能通向涅槃境界的途径。加行即加力而行之意。加行道又称方便道，是为断除烦恼而加功用行的修行之道。即“见道”之前的四善根（暖、顶、忍、世等一法）之位。

⑥**四摄六度：**四摄和六度的合称。四摄是菩萨应行的四种能摄受众生，使众生归向佛道的事情。六度是应修的六种能到达涅槃境界的通道。四摄六度有时又作六度四摄，大乘佛教用以概括大乘佛教徒应当修习的一切法门。

⑦**生佛家：**佛家即指净土，净土是佛的住处，因此称为佛家。入地的菩萨，将来必证佛果，因此等于已入佛家中，所以称之为生佛家。

译文

三、问答解释，显示念佛三昧的种种利益。有五种问答。

第一问：今说常修念佛三昧，是否不再修习其他三昧呢？

答：今所说常念，也不是说不行其他三昧。但以修行念佛三昧多的原因，所以说常念，并非说全不修行其他三昧了。

第二问说，如劝常修念佛三昧，与其余三昧相比较，有没有高下优劣呢？

答：念佛三昧的殊胜之相是不可思议的。这如何知道呢？如大乘经中说，其余各种三昧并非不能静虑，怎么说呢？有的禅定只能除去贪欲，却不能除去嗔念和愚痴；有的禅定只能除去嗔念，却不能除去愚痴和贪欲；有的禅定只能除愚痴，而不能除去贪欲和嗔念。也有的禅定只能除灭现在的各种烦恼障碍，却不能除去过去和未来的一切烦恼障碍。如果能常修念佛三昧，则无论过去、现在和未来的一切障碍，全都能除去。

第三问：念佛三昧既然能除障得福，其功德利益巨大，不知是否也能有助于修行的人，使之延年益寿？

答：必然有帮助。为什么会呢？如《惟无三昧经》说，有兄弟二人，哥哥相信因果，弟弟对佛法没有信心，但善于相法。他在镜中见到自己面上已出现死相，过不了七天必死无疑。这时有智慧者教他去请教佛陀。当时佛告诉他说，过不了七天是确实不虚的。但若能够一心念佛、修习戒行，或者可能渡过难关。他回去后即依佛教化而专心念佛。至第六天，即有二个鬼前来，因听到他念佛的声音，竟无法靠近他身边。二鬼回去告诉阎王，阎王拿起命符来看，只见符上已有注文说，由于持戒念佛的功德而生于夜摩天上去了。

又如《譬喻经》中说，有一长者不信罪福之报，年已五十，一夜忽然梦见鬼卒拿了链索和命符前来，十日之内要将他拘去。其人梦醒后，非常惶恐畏怖。至天明后寻找相师占梦，相师作卦，卦兆说十日之内有刹鬼必欲加害。此人听了更加害怕，来到佛处求教。佛对他说，若想攘灾避祸，从今以后，必须专心一意持戒念佛、烧香燃灯、悬缯挂幡，信心向着佛、法、僧三宝，即可免此死。此人即依此法，专心信向。到时刹鬼到门口，见此人修功德，于是无法加害，便离开了。这个人因此功德寿满百年，死后得生天处。还有一长者名叫执持，因退了守戒之心，结果现生遭到恶鬼的责打。

第四问：此念佛三昧，能够对治诸烦恼障碍，招来世间的果报，那么能不能感得出世的无上正觉呢？

答：能够。为什么呢？就如《华严经·十地品》所说，从初地一直到十地，每一地中都叙述了进入此地必须加力修行的功德，到该地功德圆满时，便升入上一地。如此加力修行直到完成。随后，经中总结说："这些菩萨，虽然也修其他诸行，但都离不开念佛、念法、念僧，并以各种精妙乐具供养三宝。”以此经文而证，可以得知诸菩萨，乃至修行已得一定等级地位的，也都要经常念佛、念法、念僧，方能成就无量行愿，注满功德海。更何况二乘、凡夫，求生净土，怎能不学念佛呢？何以如此说？因为此念佛三昧的功德，具备了一切能通往涅槃彼岸的四摄、六度之缘故。

第五问：初地以上的菩萨，与佛陀一同证悟佛法真理，就如生于佛陀家中，将来必能成佛，济度众生，何必更要学念佛三昧而愿见佛陀呢？

答：说起佛法真如之理广大无边，与虚空一样，难以量知。譬如有一个巨大的暗室，如果仅点燃一二盏灯，虽然局部地方亮了一些，但整个室内仍是暗的。随着灯的渐渐增多，光亮也慢慢增加，但无论如何也及不上阳光的照射。菩萨证悟的智慧，虽然一级级相连通，自有等级依次而上，但怎能比得上如同太阳的光明般的佛智慧呢？

原典

第五大门中有四番料简：第一，泛明修道延促，欲令速获不退。第二，此彼禅观比校劝往。第三，此彼净秽二境，亦名漏无漏[1]比校。第四，引圣教证成，劝后代生信求往。

注释

①**漏无漏**：烦恼为漏，无漏即无烦恼。秽土充满烦恼，因此为漏；净土没有烦恼，故为无漏。所以以漏、无漏称秽、净二土。

译文

第五大门分四部分论述：第一，广明修道之长短，欲使众生迅速获得不退转位。第二，比较此土与净土的禅观利益，以劝众生往生净土之心。第三，比较此土和净土之净秽，也即有烦恼障碍与无烦恼障碍之比较。第四，援引大圣教导加以证实，奉劝后人产生信仰，愿求往生净土。

原典

第一，泛明修道延促[1]者，就中有二：一、明修道延促；二、问答解释。

一、明延促者，但一切众生，莫不厌苦求乐，畏缚求解，皆欲早证无上菩提者，先须发菩提心为首。此心难识难起，纵令发得此心，依经终须修十种行，谓信、进、念、戒、定、慧、舍、护法、发愿、回向，进诣菩提。然修道之身，相续不绝，径一万劫，始证不退位。当今凡夫，现名信想轻毛[②]，亦曰假名，亦名不定聚[③]，亦名外凡夫，未出火宅。何以得知？据《菩萨璎珞经》："具辨入道行位法尔，故名难行道。"又，但以一劫之中，受身生死尚不可数知，况一万劫中，徒受痛烧？若能明信佛经，愿生净土，随寿长短，一形即至，位阶不退，与此修道一万劫齐功，诸佛子等，何不思量，不舍难求易也？

如《俱舍论》中，亦明难行、易行二种之道。难行者，如论说云，于三大阿僧祇劫，一一劫中，皆具福智资粮[④]，六波罗蜜[⑤]，一切诸行。一一行业，皆有百万难行之道，始充一位，是难行道也。易行道者，即彼论云，若由别有方便有解脱者，名易行道也。今既劝归极乐，一切行业悉回向彼，但能专至，寿尽必生。得生彼国，即究竟清凉[⑥]，岂可不名易行之道？须知此意也。

二、问曰：既言愿往生净土，随此寿尽即得往生者，有圣教证不？

答曰：有七番，皆引经论证成。

一、依《大经》云，佛告阿难，其有众生，欲于今世见无量寿佛者，应发无上菩提之心，修行功德，愿生彼国，即得往生。故《大经》赞云："若闻阿弥陀德号，欢喜赞仰心归依，下至一念得大利，则为具足功德宝。设满大千世界火，亦应直过闻佛名，闻阿弥陀不复退，是故至心稽首礼。"

二、依《观经》，九品之内，皆言临终正念即得往生。

三、依《起信论》云，教诸众生，劝观真如平等一实。亦有始发意菩萨，其心软弱，自谓不能常值诸佛，亲承供养，意欲退者，当知如来有胜方便，摄护信心，谓以专意念佛因缘，随愿往生，以常见佛故，永离恶道。

四、依《鼓音陀罗尼经》云，尔时世尊告诸比丘，我当为汝演说：西方安乐世界，今现有佛，号阿弥陀。若有四众[7]，能正受持彼佛名号，坚固其心，忆念不忘，十日十夜除舍散乱，精勤修习念佛三昧。若能令念念不绝，十日之中，必得见彼阿弥陀佛，皆得往生。

五、依《法鼓经》云，若人临终之时，不能作念，但知彼方有佛，作往生意，亦得往生。

六、如《十方随愿往生经》云，若有临终及死堕地狱，家内眷属，为其亡者念佛及转诵斋福，亡者即出地狱，往生净土。况其现在自能修念，何以不得往生者也？是故彼经云："现在眷属为亡者追福，如饷[8]远人，定得食也。"

第七，广引诸经证成。如《大法鼓经》说，若善男子、善女人，常能系意称念诸佛名号者，十方诸佛，一切贤圣，常见此人，如现目前。是故此经名《大法鼓》，当知此人，十方净土随愿往生。

又《大悲经》云，何名为大悲？若专念佛相续不断者，随其命终，定生安乐。若能展转相劝行念佛者，当知此等悉名行大悲人也。

是故《涅槃经》云：佛告大王，假令开大库藏，一月之中布施一切众生，所得功德，不如有人称佛一口，功德过前，不可校量。

又《增一阿含经》云，佛告阿难："其有众生，供养一阎浮提人衣服、饮食、卧具、汤药，所得功德，宁为多不？"阿难白佛言："世尊，甚多甚多，不可数量。"佛告阿难："若有众生，善心相续称佛名号，如一构牛乳顷，所得功德，过上不可量，无有能量者。"

《大品经》云："若人散心⑨念佛，乃至毕苦，其福不尽。"若人散花念佛，乃至毕苦，其福不尽。故知念佛利大，不可思议也。《十往生经》，诸大乘经等并有文证，不可具引也。

注释

①**延促：**延者长，促者短。延促即长短之意。

②**轻毛：**即指羽毛，以其极轻而随风飘荡不定，比喻凡夫根机浅薄，信仰不坚，进退未定，有如羽毛之飘荡，未有一定。

③**不定聚：**三聚之一。指凡夫众生根性不定，或可证悟佛道，或不得证悟。参见前“正定聚”之注文。

④**资粮：**资为资助，粮为粮食。人的生活，必须依靠粮食以资自己的身体，佛家以修习功德善根，作为自己追求佛道的精神粮食，故喻之为资粮。

⑤**六波罗蜜：**即六度，指布施、持戒、忍辱、精进、禅定、智慧。佛家以修此六种行即可达到涅槃境界，故称为六度。参见“四摄六度”注。

⑥**究竟清凉：**指获得解脱以后的涅槃境界。佛家以众生所居之世界为三界火宅，与此相对，脱离三界轮回的涅槃境界，便是究竟清凉之处。

⑦**四众：**比丘和比丘尼，为出家两众；优婆塞和优婆夷（男、女居士），为在家两众，合称四众。是佛教最基本的信众，故有时亦作四众弟子。

⑧**饷：**指以食物款待，这儿指以祭品祭祀亡故的先人，远人即指先祖之灵。曾子有曰：“慎终追远。”

⑨**散心：**与定心相对，指未加收摄的散乱之心。

译文

一、明修道长短者，可从两方面加以论述。先说明修道之长短，接着加以问答解释。

先明长短，一切众生无不厌弃痛苦，希求快乐，畏惧束缚，追求解脱。都愿意早日证悟无上觉悟智慧，但必须以发无上觉悟之心为先。但此心难以识别，难以发起，即使能发得此心，也须依据佛经而修习十种行。此十种行即是信心、精进、忆念、持戒、禅定、智慧、行舍（内心平等而无执着）、护法、发愿、回向，从而进一步达到无上觉悟的境界。然而修道之身，必须相续不绝，历经一万劫，才能证得不退转的果位。当今凡夫根机不稳，有如鸿毛随风飘移，这称作“假名”，也叫作“不定聚”或“外凡夫”，并未出离三界火宅。怎么知道的呢？据《菩萨璎珞经》说：“具辨入道行位法尔，故名难行道。”另外，一劫之中经过的生死投生次数尚不可计算，何况于一万劫中，徒然遭受痛苦焚烧呢？如果能了解且信奉佛经所说，愿意往生净土，随生命的长短，尽此一生即能投生佛国净土，达到不退转的阶位。这种功德利益与修道一万劫相等，各位佛弟子们，何不好好考虑一下，为什么不舍难求易呢？

如《俱舍论》中，也明难行、易行两种道。所谓难行者，如《论》中所说，于三大阿僧祇劫中，每一劫都须具备福德、智慧等有助于证悟的功德，六种能到达涅槃的修行方法以及所有一切修行功德。每一种修行过程中都会产生百万种艰难，然后才能逐步进位，所以是难行道。所谓易行道者，即《论》中所说，由其他的方便之道而得解脱者，名易行道。今既劝告众生同归极乐国土，所修一切功德都回向极乐净土，只要能专心致志，寿尽以后必得往生于极乐净土，得真实究竟之快乐。岂可不称作易行之道呢？应当懂得这个道理啊！

下面再以问答进行说明。

问：既然说愿生净土者，随着此生命尽即得往生，是否有圣教证明呢？

答：大略从七部经典中加以引证。

一、依《大经》说，佛告诉弟子阿难，如有众生希望今世得见无量寿佛者，应发无上菩提心，修行各种功德，愿往生其佛国土，就能获得往生。所以经中赞叹说："若闻阿弥陀德号，欢喜赞仰心皈依，下至一念得大利，则为具足功德宝。设满大千世界火，亦应直过闻佛名，闻阿弥陀不复退，是故至心稽首礼。"

二、《观无量寿经》在九品往生之内，都说临命终时，正念阿弥陀佛，即能往生。

三、依《起信论》所说，佛陀教导众生，应洞观佛法真理平等如实而无差别。也有刚开始发心修行的菩萨，信仰之心较为软弱而不坚定，自称不能经常逢遇佛陀，亲承供养，所以想要退转。应当知道如来有各种方便法门，能够摄引护持众生信心。如以专心一意念佛的因缘，便能随愿而往生净土，以常见佛的缘故，可以永远脱离诸恶道。

四、依《阿弥陀鼓音声王陀罗尼经》说，当时释尊告诉比丘：我当为你们演说西方安乐世界的事情。那儿现在有佛，称号为阿弥陀。如有四众弟子能正念受持此佛名号，坚定自己信心，时时刻刻忆念不忘，在十日十夜中灭除散乱之心，精勤地修习念佛三昧，如能令此心念相继不断，十日之中，必能见到阿弥陀佛，都能够往生西方净土。

五、依《法鼓经》说，如人临终之时，不能依念，但知那儿国土有佛在世，心里作往生其佛土的意愿，也能够往生。

六、如《十方随愿往生经》说，若有众生临终之时，或已死去堕入地狱内，由其家内眷属为亡者念佛，并为他转诵祈福，此亡者即能出离地狱，往生净土。更何况现在能自己修习念佛，怎么会无法往生呢？所以经中说："现在眷属，为亡者追福，如以祭品供祀先祖，其先祖定能得食。"

七、广引诸经加以证实。如《大法鼓经》说，如善男子、善女人，常能专心一意称念诸佛名号的，十方诸佛，一切贤圣，必然常见此人如在眼前，所以此经名《大法鼓》，当知此人在十方净土中必随其意愿而得往生。

又《大悲经》说，什么叫大悲？如专心念佛相续不断，随其命终，必定生于安乐净土。如能辗转相劝，令他人也一齐念佛者，当知此等众生都可称作行大悲的人。

所以《涅槃经》说，佛告诉大王，假如你打开国库的宝藏，在一个月内布施一切众生，所得的功德，不及有人口称念佛一声，此功德超过打开库藏布施众生的功德，不知多少倍。

又《增一阿含经》说，佛对弟子阿难说："如有众生供养整个阎浮提世界中所有人衣服、饮食、卧具、汤药，所得的功德多不多？"阿难对佛说："世尊，很多很多，无法以数字计算。"佛对阿难说："如有众生，以善心相续称念佛的名号，虽然只是如同取一滴牛乳般那么短的时间，所得功德比之前者，更多得无法估量。"

《大品经》说："若有人以未入禅定之心，即散乱心念佛，及至其苦尽而福则不尽。"若人散花念佛也是这样，至其苦尽而福则不尽。故而可知念佛的利益巨大而不可思议。《十往生经》及诸大乘经等，都有明文可以证实，这就不再具体引证了。

原典

第二，次明此彼禅观比校劝往生者。但此方秽境，乱想难入，就令修得，唯获事定①，多喜味染②。又复但能伏业③，报生上界，寿尽多退。是故《智度论》云，多闻持戒禅，未得无漏法。虽有此功德，是事未可信。若欲向西修习，事境光净，定观易成，除罪多劫，永定速进，究竟清凉，如大经广说。

问曰：若西方境界胜，可为禅定感；此界色天劣，不应为禅定招?

答曰：若论修定因，该通于彼此。然彼界位是不退，并有他力持，是故说为胜。此处虽复修定克，但有自分因，阙无他力摄，业尽不免退，就此说不如。

注释

①**事定：**又作事禅，相对于理禅而言。指还未断绝烦恼的初级禅定境界，又可称为“有漏定”。

②**味染：**染即染污，贪着于饮食味欲，即为味染。

③**伏业：**伏为降伏、制伏之意。伏业即为能降伏业力。

译文

二、比较此土与净土之禅观利益，以劝众生发往生净土之心。由于此方秽土，众生心念散乱，难以进入禅定境界，即使通过修习而得禅定，也只能获烦恼界的诸禅定，未断喜欲、食欲等情。而且即使能降伏业力，获生于上界诸天的果报，但一旦寿命享尽，还是要堕入轮回。所以《智度论》说，以听闻佛法，守持戒律而入于禅定者，仍然未能获得断尽烦恼的无漏法。虽然说可有此功德，但此事尚未可信。但如果愿修习往生西方净土，所行之事和所生之境都是光明清净，容易进入禅定境界，灭除多劫以来之罪，永远进入快速上进的禅观中，得毕竟如实之涅槃境地，如诸部大乘经典经常演说的那样。

问：如西方众生根机殊胜，可以感得禅定境界；此土境界诸天人色身根劣，就不能进入禅定境界吗？

答：若论修习禅定之因，该贯通于彼土（净土）与此土，然而彼土境界果位是不退转，并具有他力护持，所以说是殊胜。此土虽然克期修习禅定，但光有自己的功力，缺少他力护持，业力报尽不免重入退转之位，就这一点而论，此土不如净土。

原典

第三，据此彼净秽二境，亦名漏无漏者，若论此处境界，唯有三涂、丘坑，山涧沙卤，棘刺水旱，暴风恶触，雷电霹雳，虎狼毒兽，恶贼恶子，荒乱破散，三灾败坏。语论正报①，三毒八倒②，忧悲嫉妒，多病短命，饥渴寒热，常为司命害鬼之所追逐，深可秽恶，不可具说，故名有漏，深可厌也。

往生彼国胜者，据《大经》云，十方人天但生彼国者，莫不皆获种种利益也。何者？一生彼国者，行则金莲捧足，坐则宝座承躯；出则帝释③在前，入则梵王④从后；一切圣众与我亲朋，阿弥陀佛为我大师。宝树宝林之下，任意翱翔，八德池中，游神濯足。形则身同金色，寿则命与佛齐，学则众门并进，止则二谛虚融。十方济运，则乘大神通；晏安暂时，则坐三空门。游则入八正之路，至则到大涅槃。一切众生，但至彼国者，皆证此益，何不思量不速去也？

注释

①**正报**：众生本身之个体，乃由过去世所作之因而受，故称正报。与依报相对，见前“依正二报”之注。

②**三毒八倒**：三毒指贪、嗔、痴。八倒指凡夫与二

乘人执迷的八种颠倒妄见。即凡夫以世间之苦和不净等执迷为常、乐、我、净，称凡夫四倒；二乘人以涅槃的常、乐、我、净执迷为非常、非乐、非我、非净，称二乘四倒，合为八倒。

③**帝释：**即帝释天，有时又译作释提桓因，为欲界六天之一的忉利天主，佛教的护法天人之一。

④**梵王：**又称大梵天王、大梵天等。本为印度教主神之一，后作为佛教的护法天人，为色界的初禅天之王。又常侍佛之右边，深信正法，每逢佛出世，必请佛转法轮。

译文

三、此土和彼土是秽界和净界二种境界，也即是有漏与无漏之差别。如说此处境界，只有地狱、饿鬼、畜生三种归途。到处是丘坑山涧、沙石棘刺、水旱暴风、雷电霹雳、虎狼毒兽、强盗恶贼、荒乱破散，水、火、风三种灾难不停地破坏世界。说到此界众生，则唯有贪、嗔、痴三毒，八种颠倒之见，忧悲嫉妒，多病短命，饥渴寒热，常为司命害鬼所追逐，深深的污秽罪恶，不可具体言说，所以名为有漏，令人深可厌也。

再看看往生净土者，据《大经》说，十方人天只要往生西方净土，无不获得种种利益。为什么呢？一旦生于彼极乐国土，行则有金莲捧足，坐则有宝座承受身躯，出则有帝释天王在前开道，入则有大梵天王随从于后。一切圣贤众都是我的亲属朋友，阿弥陀佛则是我的大师。宝树宝林之下，随我任意翱翔。八功德池中，任由我神游濯足。身体与佛同为金色，寿命与佛同样长远。学习则各种法门齐头并进，修禅则真俗二谛虚通融合。济度十方众生则可运用大神通，若入禅定境界则进入三解脱门。出游则入八正道，至归则到达大涅槃。一切众生只要往生彼国净土，都能证悟此大利益，何不思量要快速往生呢？

原典

第四，引圣教证成，劝后代生信，求愿往者。依《观佛三昧经》[①]云，尔时，会中有十方诸佛，各于华台中结跏趺坐，于空中现。东方善德如来为首，告大众言：“汝等当知，我念过去无量世时，有佛名宝威德上王。彼佛出时，亦如今日说三乘法。彼佛灭后，末世之中，有一比丘，将弟子九人，往诣佛塔，礼拜佛像。见一宝像严显可观，观已敬礼，目谛观之，各说一偈，用为赞叹。随寿修短，各自命终。即命终已，即生佛前。从此已后，恒得值遇无量诸佛，于诸佛所，广修梵行，得念佛三昧海[②]，既得此已，诸佛现前，即与授记，于十方面随意作佛。东方善德佛者，即我身是。自余九方诸佛者，即是本昔弟子九人是。十方佛世尊，因由礼塔一偈赞故，得成为佛，岂异人乎？我等十方佛是。”是时十方诸佛，从空而下，放千光明，显现色身白毫相光，各各皆坐释迦佛床，告阿难言："汝知释迦文佛，无数精进，百千苦行，求佛智慧，报得是身。今为汝说，汝持佛语，为未来世天龙大众，四部弟子，说观佛相好及念佛三昧。”说是语已，然后问讯释迦文佛，问讯讫已，各还本国。

注释

①**《观佛三昧经》**：编按：《大正藏》为《观佛三昧海经》。

②**念佛三昧海**：以念佛三昧功德广大，其深如海，故喻之。

译文

四、引证大圣教导，奉劝后人产生信仰，愿求往生。依《观佛三昧海经》说，当时聚会中有十方诸佛，各于花台中结跏趺坐，显现于空中。以东方善德如来为首，告诉大众说："你们应当知道，在过去无量世时，有名叫宝威德上王的佛出世。此佛出世也如现在释迦佛那样说三乘之法。其佛灭度后，末世之中，有一比丘带领弟子九人，前往佛塔礼拜佛像，见佛宝像端正庄严，诸弟子观后敬礼佛像，以目注视观瞻，各说一偈赞叹佛像。后来他们都随寿命长短，命终以后，投生于佛前。从此以后，恒常得遇无数佛陀。他们于诸佛之处，广修各种清净无欲之法，得深广如海之念佛三昧。既得此三昧，诸佛现眼前，即为他们授记，于十方诸处随意做佛，东方善德佛即是我身，其余九方诸佛即是当时的弟子九人。十方佛世尊因礼拜佛塔，并以一偈赞叹佛的缘故而得成佛，他们并非别人，就是我等十方佛也。"这时十方诸佛从空而下，放千种光明，显现色身和眉间白毫光，各自坐于释迦佛床边，告知阿难说："你知道吗？释迦文佛历经无数精进修行，修习百千种苦行，才求得无上佛智，得到此身果报。我们现在告诉你，你要护持佛所说的话，为未来世的天龙大众、四部弟子等说观佛相好及念佛三昧。"说完此话，十方诸佛都向释迦文佛致意、询问，问毕即各还本国。

原典

第六大门中，有三番料简：第一，十方净土共来比校。第二，义推。第三，辨经住灭。

第一，十方净土共来比校者，有其三番：

一、如《随愿往生经》云，十方佛国皆悉严净，随愿并得往生。虽然，悉不如西方无量寿国。何意如此？但阿弥陀佛与观音、大势至，先发心时，从此界去，于此众生，偏是有缘。是故，释迦处处叹归。

二、据《大经》，法藏菩萨①因中，于世饶王佛所，具发弘愿，取诸净土。时佛为说二百一十亿诸佛刹土，天人善恶，国土精粗，悉现与之。于时法藏菩萨，愿取西方成佛，今现在彼，是二证也。

三、依此《观经》中，韦提②夫人复请净土，如来光台为现十方一切净土。韦提夫人白佛言："此诸佛土，虽复清净，皆有光明，我今乐生极乐世界阿弥陀佛所。"是其三证。故知诸净土中，安乐世界最胜也。

注释

①**法藏菩萨：**即西方阿弥陀佛之前身。当其未成佛时，曾在世饶王佛时为国王，后舍国出家为比丘，号法藏。关于法藏菩萨之事迹，详见《无量寿经》。

②**韦提：**编按：《大正藏》中的《观无量寿佛经》作韦提希。详见大正十二·页三四一中。

译文

第六大门分三部分加以论证。第一，将十方净土进行比较。第二，从教义加以推理。第三，辨别佛经的住世毁灭问题。

一、以十方净土加以比较，有三点：

（一）如《随愿往生经》说，十方佛国都是庄严清净国土，随愿都得往生。虽然如此，但都不如西方无量寿佛国。为何这样说呢？因阿弥陀佛与观音、大势至菩萨发心时，是从我们这个国土去的，因而与此土众生特别有缘。所以释迦佛处处赞叹归向西方。

（二）据《大经》说，法藏菩萨在修习成佛的过程中，于世饶王佛处发宏大誓愿，要修习净土法门。佛为他说二百一十亿诸佛国土的情况，其中天人的善恶、国土的精粗都显现于面前。此时法藏菩萨意在西方成佛，直到现在还在那儿，这是第二个证明。

（三）据《观无量寿经》中说，韦提希夫人又请现净土，如来在光台上为她显现十方一切净土。韦提希夫人对佛说："此诸佛土虽然清净光明，但我乐于投生在极乐世界阿弥陀佛的国土。"这是第三证。所以知道各种净土中，安乐世界最为优胜。

原典

第二，义推者。问曰：何故要须面向西坐，礼念观者?

答曰：以阎浮提云，日出处名生，没处名死。借于死地，神明趣入，其相助便。是故法藏菩萨，愿成佛在西，悲接众生。由坐观礼念等面向佛者，是随世礼仪。若是圣人，得飞报自在，不辨方所。但凡夫之人，身心相随，若向余方，西往必难。是故《智度论》云，有一比丘，康存之日，诵《阿弥陀经》[①]及念《般若波罗蜜》。临命终时，告弟子言，阿弥陀佛与诸圣众，今在我前。合掌归依，须臾舍命。于是弟子依火葬法，以火焚尸。一切烧尽，唯有舌根一种，与本不异。遂即收取，起塔供养。龙树菩萨释云："诵《阿弥陀经》故，是以垂终佛自来迎；念《般若波罗蜜》故，所以舌根不尽。"以斯文证，故知一切行业，但能回向，无不往也。

故《须弥四域经》[②]云，天地初开之时，未有日月星辰，纵有天人来下，但用项光照用。尔时人民，多生苦恼。于是阿弥陀佛遣二菩萨，一名宝应声，二名宝吉祥，即伏羲、女娲是。此二菩萨，共相筹议，向第七梵天上，取其七宝，来至此界，造日月星辰、二十八宿，以照天下，定其四时，春秋冬夏。时二菩萨，共相谓言：所以日月星辰、二十八宿西行者，一切诸天人民，尽共稽首阿弥陀佛，是以日月星辰，皆悉倾心向彼，故西流也。

注释

①**《阿弥陀经》：**净土三部经之一，又作《小无量寿经》或《小经》。通行的为后秦鸠摩罗什法师的译本。主要论述西方安乐国土的庄严和殊胜之景象。此经流传极广，亦被作为寺院日常早、晚课必诵的经典之一。

②**《须弥四域经》：**编按：本经未收入《大正藏》。

译文

二、从教义推理。问：为什么应当面向西方而坐，礼拜诵念所观的对象？

答：以我们阎浮提世界而言，日出的东方是日生之处，日落的西方是日死之处。借助于死地，可使我们神志清明，趣入佛道。所以法藏菩萨愿意成佛于西方，以大悲心接引众生。由坐观、礼拜、念佛等面向佛陀，是随顺世俗的礼仪。如是圣人，则得自在飞行之报，不必区分方向、场所。但凡夫之人，身心相随，如向其他方向则西往必难。所以《智度论》说，有一比丘身体康健之时诵念《阿弥陀经》以及《般若波罗蜜经》，他临命终时告诉弟子说，阿弥陀佛与诸圣众呈现在我面前。于是合掌皈依，顷刻间便舍命而去。弟子们依照火葬法以火焚尸。当一切烧尽后，唯有舌根不烂，如同生前。弟子遂取之建塔供养。龙树菩萨解释说：“由于诵念《阿弥陀经》的缘故，所以临终时佛亲自来接引；以诵念《般若波罗蜜经》的缘故，所以得舌根不烂。”以此文证明，可知所修一切行业，只要能回向，没有不往生的。

所以《须弥四域经》说，天地初成时，还没有日月星辰，纵然有天人降下，也只能以项背之光照明。那时人民有很多苦恼，于是阿弥陀佛派遣二名菩萨，一位叫宝应声，另一位叫宝吉祥，也就是伏羲和女娲。此二菩萨共同商量，到第七层梵王天上取了七种宝物来到此界，创造了日月星辰及二十八星宿以照耀天下，定下了春、夏、秋、冬四时。当时两位菩萨一起商量说，日月星辰、二十八星宿都要西向运行，一切诸天人民都应稽首礼敬阿弥陀佛，所以至今日月星辰都是倾向西方运行。

原典

第三，辨经住灭者。谓释迦牟尼佛一代，正法五百年，像法一千年，末法一万年。众生灭尽，诸经悉灭。如来悲哀，痛烧众生，特留此经，止住百年。以斯文证，故知彼国虽是净土，然体通上下，知相无相，当生上位。凡夫火宅，一向①乘相往生②也。

注释

①**一向：**意向专于一处，无间杂余念。

②**乘相往生：**上根利机者，知实相无相之理；凡夫劣机，则以相而求，亦得往生，所以称为乘相往生。

译文

三、辨别佛经的住灭。谓释迦牟尼佛灭后，正法五百年，像法一千年，末法一万年，到时众生灭尽，诸经都遭毁灭。如来因悲哀痛惜众生，特地留下此经住世百年。以此可证，安乐国土，虽是净土，然而其体贯通上下，知相无相，当生于上位。凡夫处于三界火宅，当一心一意，于相而求，以便能够往生西方。

原典

第七大门中，有两番料简。第一门中，此彼取相，料简缚脱。第二，次明此彼修道用功轻重，而获报真伪，故劝向彼。

第一，此彼取相，料简缚脱者。若取西方净相，疾得解脱，纯受极乐，智眼开朗。若取此方秽相，唯有妄乐、痴盲、厄缚、忧怖。

问曰：依大乘诸经，皆云无相乃是出离要道，执相拘碍，不免尘累。今劝众生，舍秽忻净，是义云何？

答曰：此义不类。何者？凡相有二种：一者于五尘欲境[①]，妄爱贪染、随境执着，此等是相，名之为缚。二者爱佛功德，愿生净土，虽言是相，名为解脱。何以得知？如《十地经》[②]云：初地菩萨，尚自别观二谛，励心作意；先依相求，终则无相，以渐增进，体大菩提。尽七地终心，相心始息。入其八地，绝于相求，方名无功用也。

是故《论》[③]云，七地已还，恶贪为障，善贪[④]为治。八地已上，善贪为障，无贪为治。况今愿生净土，现是外凡，所修善根，皆从爱佛功德生，岂是缚也？故《涅槃经》云："一切众生有二种爱，一者善爱，二者不善爱。不善爱者，唯愚求之；善法爱者，诸菩萨求。"是故《净土论》云："观佛国土清净味，摄受众生大乘味，类事起行愿取佛土味，毕竟住持不虚作味。"有如是等无量佛道味，故虽是取相，非当执缚也。又彼净土所言相者，即是无漏相，实相相也。

注释

①**五尘欲境**：以色、声、香、味、触为五根（即众生之眼、耳、鼻、舌、身等感觉器官）所对之境，并能引起爱贪等欲，所以称为五尘欲境。

②**《十地经》**：大乘佛教经典，主要叙述大乘修行者十地阶位。后秦鸠摩罗什法师译，为《华严经·十地品》的异译本，参见前《华严经·十地品》之注。

③**《论》**：这儿的《论》即指《十地经论》，古印度世亲（一作天亲）著，北魏菩提流支译，是解释《十地经》的论著，参见前注。

④**善贪**：爱欲于五戒十善等诸善业。

译文

第七大门中分两部分论述：一是以此土和彼土的相状来说明束缚和解脱，加以比较品评。二是辨明此土彼土修道用功的轻重，所获果报的真假，以劝导众生回向彼国净土。

一、品评此土彼土的相状，来说明束缚和解脱。若取西方净土之相，则迅速获得解脱，纯粹享受极乐，使智慧之眼开朗。如取此方秽土之相，唯有虚妄欢乐、愚昧痴盲、各种厄难束缚以及忧患恐怖。

有人问：按照大乘佛经所说，都说诸法无相才是出离三界的要道，执着于事物之相，拘泥于物体的质碍，不免被烦恼恶业所污、所缚。现在劝导众生舍弃秽土，祈求往生净土，这是为什么呢？

答：两者意义并不一样。为何这么说呢？所谓“相”有二种，一是于色、声、香、味、触等可感知的，能引起欲望的境界，产生虚妄的爱欲贪染之心，从而随着感觉的对象而产生执着之情。这一类的相，又称之为“缚”。二是喜爱佛的功德，愿求生于诸佛净土，虽说也是相，但实际上应称为“解脱”。何以得知呢？如《十地经》说，进入初地的菩萨，尚自观察二谛之义，激励自心心念，先凭借万法之相而追求，最终则达到无相的境界，如此渐渐增进功力，体验得无上正觉。到达第七地阶位时，有相之心开始息灭；到第八地阶位，就不用再凭借万法事相而追求佛法了，这时所修的各项功德才称作无功用。

所以《论》中说，七地以下，以贪于诸恶为障碍，以爱欲善法加以对治；八地以上，以爱欲善法为障碍，以无贪欲之念加以对治。何况今愿生净土者都是凡夫，所修善根，都从爱乐佛的功德而生，怎可说是束缚呢？所以《涅槃经》说：“一切众生有二种爱，一是善爱，一是不善爱。不善之爱，唯有诸愚夫求之。善法之爱，是诸菩萨所求。”所以《净土论》说:“观佛国土，是清净之味。摄受引导众生，是大乘佛法之味。比类诸事而发起修行之愿，是诸佛净土之味。毕竟住持不虚作味。”有如此无数佛道之味，所以虽是取相，也不应当看作是执缚。此外，所说净土诸相，即是断灭烦恼，解脱轮回的无漏之相，也就是诸法实相。

原典

第二段中，明此彼修道，用功轻重而获报真伪者。若欲发心归西者，单用少时礼、观、念等，随寿长短，临命终时，光台迎接，迅至彼方，位阶不退。是故《大经》云:“十方人天，来生我国，若不毕至灭度，更有退转者，不取正觉。”此方多时具修施、戒、忍、进、定、慧，未满一万劫已来，恒未免火宅，颠倒坠堕，故名用功至重，获报伪也。《大经》复云:“生我国者，横截五恶趣[①]。”

今此约对弥陀净刹，娑婆五道，齐名恶趣。地狱、饿鬼、畜生，纯恶所归，名为恶趣。娑婆人天，杂业[②]所向，亦名恶趣。若依此方修治断除，先断见惑[③]，离三涂因，灭三涂果。后断修惑[④]，离人天因，绝人天果。此皆渐次断除，不名横截。若得往生弥陀净国，娑婆五道，一时顿舍，故名横截。五恶趣者，截其果也，恶趣自然闭者，闭其因也。此明所离，升道无穷极者，彰其所得，若能作意回愿向西，上尽一形，下至十念，无不皆往。一到彼国，即入正定聚，与此修道一万劫齐功也。

注释

①**五恶趣**：指众生轮回流转的五个趣向，即天、人、畜生、饿鬼、地狱五者。

②**杂业**：间杂有善、恶诸等业报的，称为杂业。

③**见惑**：以错误的认识而得出的错误见解。佛家专指因不明佛法之理，而对世界、人生所产生的种种观点。为佛教修习过程中，于见道时所断之惑。

④**修惑**：因不明佛理，迷于事物而产生的贪、嗔、痴等情欲，为修道所断之惑，与见惑一起称为二惑。

译文

二、论明此土彼土修道用功的轻重，以及所获果报的真假。如欲发心归向西方净土者，只需用较少的时间礼佛、观想、忆念等，随寿命长短，命终之时，佛光灿烂，阿弥陀佛以莲台前来接引，迅速投生西方，获得不退转果位。所以《大经》说：“十方人天来生我国者，若不是一直向前修至涅槃境地，而中间有人仍往回退转重堕轮回者，我决不成无上正觉。”在此土修习，要花许多时间，要完整地修行施、戒、忍、进、定、慧等六度万行，如不修满一万劫，仍不免堕于三界火宅，所以说花费功力十分巨大，而所获果报则往往虚假不实。《大经》又说：“生于我国土者，能够横向截断生命轮回的钩锁，超出轮回的五种趣向。”

今对此阿弥陀佛清净国土来看，我们所处的娑婆世界五种趣向，都是恶趣。地狱、饿鬼、畜生三道，纯粹是诸恶所归之处，所以名为恶趣；娑婆世界的人、天两道，以杂业所归向，也名为恶趣。如依此方世界修习对治，必须先断见惑，脱离堕入地狱、饿鬼、畜生三途厄难之因，灭除此三途之果。然后断修惑，离开人、天果报之因，灭除人、天果报。如此修行，都是渐渐依次修行而断除，所以不能称为横截。如得往生弥陀净土，则能立时摒舍娑婆世界的五道趣向，所以称作横截。五恶趣者，这是截断其果位。其趣自然而闭者，是闭其得果之因。这是说明所离升道没有穷极，彰其所得。如能起回向之愿，愿生于西方净土，上尽自己一生的生命，下至临终时十念称佛名号，没有不往生佛国净土的。一旦到达彼佛国土，就可立即进入决定向上而不退转的地位。这与在此土修行一万劫有同样的功德。

原典

第八大门中，有三番料简：第一，略举诸经来证，劝舍此忻彼。第二，弥陀释迦二佛比校。第三，释往生意。

第一，略举诸大乘经来证，皆劝舍此忻彼者。一、谓耆阇崛山[①]说《大经》二卷。二、《观经》一部，王宫、耆阇两会正说。三、《小卷无量寿经》，舍卫[②]一说。四、复有《十方随愿往生经》明证。五、复有《无量清净觉经》[③]二卷[④]，一会正说。六、更有《十往生经》一卷。诸余大乘经论，指赞处多，如《请观音》《大品经》等，又如龙树、天亲等论，叹劝非一。余方净土，皆不如此丁宁。

注释

①**耆阇崛山：**即灵鹫山。在古印度摩揭陀国都城王舍城的东北部，相传释迦佛陀曾多次在这儿演说佛法，《无量寿经》即是在此说。

②**舍卫：**古印度北憍萨罗国都城，有时亦以城名为国名，称舍卫国。相传释迦成道后，曾住此说法多年，《阿弥陀经》即在此城中祇树给孤独园中说。

③**《无量清净觉经》：**全称《无量清净平等觉经》，

后汉支娄迦谶译，为《无量寿经》的异译本。

④**二卷**:《大正藏》版为四卷。

译文

第八大门分三部分论述：第一，略举诸经加以论证，以劝奉众生舍此世界，欣喜彼佛国净土。第二，将弥陀佛、释迦佛二位加以比较。第三，解释往生净土的意向。

一、略举诸部大乘经典加以论述，以劝奉众生舍弃此土，乐生净土。第一部是在耆阇崛山说的《无量寿经》二卷。第二部是《观无量寿经》一部，是在王舍城、耆阇崛山两处说法。第三部是《小无量寿经》，在舍卫国一次说法。四、有《十方随愿往生经》明证。五、有《无量清净觉经》二卷，一会说法。六、更有《十往生经》一卷。其余诸部大乘经论，指说赞叹西方净土之处甚多，如《请观音》《大品经》等，又如龙树、天亲等所作论中，赞叹奉劝不止一处。其余诸佛净土却没有这样多次的反复叮嘱。

原典

第二，弥陀、释迦二佛比校者，谓此佛释迦如来，八十年住世，暂现即去，去而不返。比于忉利诸天，不至一日。又释迦在时，救缘亦弱，如毗舍离国[①]救人现患等。何者？时毗舍离国人民遭五种恶病：一者眼赤如血，二者两耳出脓，三者鼻中流血，四者舌噤无声，五者所食之物化为粗涩，六识闭塞，犹如醉人。有五夜叉[②]，或名讫拏迦罗，面黑如墨，而有五眼，狗牙上出，吸人精气。良医耆婆，尽其道术所不能救。时有月盖长者为首，部领病人，皆来归佛，叩头求哀。

尔时，世尊起无量悲愍，告病人曰：西方有阿弥陀佛、观世音、大势至菩萨，汝等一心合掌求见。于是大众皆从佛劝，合掌求哀。尔时彼佛放大光明，观音、大势一时俱到，说大神咒，一切病苦，皆悉消除，平复如故。然二佛神力，应亦齐等，但释迦如来，不申己能，故显彼长，欲使一切众生，莫不齐归。是故释迦处处叹归，须知此意也。是故，昙鸾法师正意归西，故傍《大经》奉赞云：

安乐声闻菩萨众，人天智慧咸洞达，
身相庄严无殊异，但顺他方故列名。
颜容端正无可比，精微妙躯非人天，
虚无之身无极体，是故顶礼平等力[③]。

注释

①**毗舍离国：**释迦时代，印度诸大国之一，在中印度，是著名的维摩诘居士所居之处。

②**夜叉：**又作药叉、阅叉等，古印度神话中一种半神的小精灵，也有将它看作恶鬼的。

③**平等力：**以如来具有平等普度一切众生之大悲力，故以平等力作为佛的尊称。

译文

二、以弥陀、释迦二佛加以比较，是说此土佛陀释迦如来，住于世间八十年，暂时显现随即逝去，一去而不返。这些时间在忉利诸天还不到一日。又释迦在世时，救世济人之缘力也较弱，例如在毗舍离国救人治病等。这怎么说呢？当时毗舍离国人民遭受五种恶病，这五种恶病一是眼赤如血，二是两耳出脓，三是鼻中流血，四是舌噤无声，五是所食之物都化为粗涩的东西。人的眼、耳、鼻、舌、身、意各种感觉思维意识活动，都被闭塞而停止，犹如醉汉。这时有五夜叉鬼，或名讫拏迦罗的，他们面黑如墨而生五眼，嘴中生出狗牙，专门吸人精气。国中良医耆婆竭尽全力却无法救治。这时有一个叫作月盖的长者，率领众病人前来佛陀处，叩头哀求。

那时释迦世尊生无量悲愍之心，告诉诸病人说：西方有阿弥陀佛、观世音和大势至菩萨，你们应一心合掌求见。于是，大众都听从了佛陀的教化，合掌哀求。这时阿弥陀佛放大光明，与观音、大势至菩萨一起来到，为众生说大神咒，使一切病苦都得消除，恢复如初。虽然二位佛陀的神通力量是相同的，但释迦佛并不显出自己的能力，有意表明阿弥陀佛的长处，欲使一切众生都归向于西方净土。所以释迦如来处处赞叹归向西方，就是这个意思。故而昙鸾法师下决心归向西方净土，依照《无量寿经》发出赞叹说：

安乐世界的声闻、菩萨弟子们，
洞达通晓人天的智慧，
身相庄严与人天并无差别，
但以随顺他方之故而名。
他们的颜容相貌端正无比，
他们的身体精微奇妙非人天所及，
虚无之身实乃无极之体，
所以我顶礼敬拜平等度人的佛陀世尊。

原典

第三，释往生意者，就中有二：一、释往生意；二、问答解释。

第一问曰：今愿生净土，未知作何意也？

答曰：只欲疾成，自利利他，利物深广，十信[①]三贤[②]，摄受正法，契会不二，见证佛性，明晓实相，观照晖心，有无二谛，因果先后，十地优劣，三忍[③]三道[④]，金刚无碍，证大涅槃。大乘宽运，欲无限时住，为尽无边生死海故。

问有三番。

问曰：愿生净土，拟欲利物者，若尔，所拔众生，今现在此，已能发得此心，只应在此拔苦众生，何因得此心竟，先愿生净土？似如舍众生，自求菩提乐也。

答曰：此义不类。何者？如《智度论》云，譬如二人俱见父母眷属没在深渊，一人直往，尽力救之，力所不及，相与俱没。一人遥走，趣一舟船，乘来济接，并得出难。菩萨亦尔，若未发心时，生死流转，与众生无别。但已发菩提心时，先愿往生净土，取大悲船，乘无碍辩才，入生死海，济运众生。

二、《大论》复云，菩萨生净土，具大神通，辩才无碍，教化众生时，尚不能令众生生善灭恶，增道进位，称菩萨意。若即在秽土拔济者，阙无此益，如似逼鸡入水，岂能不湿也？

三、《大经》赞云：

安乐佛国诸菩萨，夫可宣说随智慧。
于己万物亡我所，净若莲华不受尘。
往来进止若泛舟，利安为务舍适莫。
彼己犹空断二想，然智慧炬照长夜。
三明六通[5]皆已足，菩萨万行观心眼。
如是功德无边量，是故至心愿生彼。

注释

①**十信：**大乘佛教修行者的修行阶位中最初该行的十种行，具体指：信心、念心、精进心、慧心、定心、不退心、护法心、回向心、戒心、愿心（编按：亦有其他不同的说法）。因修入佛道，以信心为先，所以称之为十信。

②**三贤：**指修善根以制伏烦恼，使心调和之三种修行阶位。可分小乘的五停心、别相念住、总相念住和大乘之十住、十行、十回向三位。

③**三忍：**忍即体悟、认识事理而安住于佛道不动其心。三忍有多种解释，善导法师在解说《观无量寿经》中，提出为喜忍（因念阿弥陀佛而生欢喜之心）、悟忍（因念佛而得悟解）、信忍（因念佛而住于正信）。

④**三道：**佛教修行的三个阶位：见道（通过修行初

明佛教之真理而断除见惑之阶位）、修道（领悟真理后反复修习，以断贪、嗔、痴等烦恼）、无学道（已断三界烦恼，修习圆满）。三道依次渐进修习，具体内容，大小乘有不同说法。

⑤**三明六通：**通过修习，达于无学位，除尽愚暗，而于三事通达无碍之智明。三明为宿命明、天眼明、漏尽明；六通为天眼通、天耳通、他心通、宿命通、神足通、漏尽通。

译文

三、分两部分解释往生净土之意。一是释往生意向，二是问答解释。

第一问：今愿生净土，未知应当作何意愿？

答：只欲迅速成就自利、利他之功德。以利益万物既深又广，得十信、三贤之位，并摄引领受佛法正教，与之完全契合无二，证悟佛性，明晓诸法实相，以智慧观照自己内心之光明，有无之二谛，因果的先后，十地阶位之优劣，三种法忍，三道次第，得金刚般锐利无比的功德，证得无上正觉之涅槃境界。由于大乘法门运载众生的范围广阔，欲无限时地住于世间，是为了度尽陷于无边生死海的众生的缘故。

第二问有三点解释。

问：愿生佛国净土者，而又希望利益他人，如果这样，所济拔的众生是在此土，现在已发这种济度众生的心愿，那就应在此国土救度众生。为何发此心愿后，却反而先愿往生净土？好像舍弃了众生，只是自己追求菩提之乐。

答：这种看法是不对的。为什么呢？如《智度论》说，譬如有两个人，都看到自己的父母眷属跌落在深渊里。一人直接前来，尽力搭救他们，但因力所不及，反而跌落，与他们一起沉没。另一人则奔走远处，找来一艘船，驾船前来解救，使大家都得脱离险境。菩萨的修习也是这样。如未发心时，处于生死流转中，与其他众生没有什么区别。但如已发无上菩提之心，就当先愿往生净土，取来大悲之船，以辩才无碍为动力，驾入生死大海之中，济度众生。

其二，《大论》还说，菩萨生净土中，具有大神通，得无碍之辩才，但在教化众生时，尚不能使众生生善灭恶，增进修道之阶位，以符合菩萨心意。如不生净土而即在此秽土中拔济众生，更无此利益，就如同逼鸡下水，怎能使它不湿透呢？

其三，《无量寿经》赞曰：

安乐佛国的诸菩萨们，
可以随着自己的智慧宣说佛法。
于自己和万物已没有差别看法，
洁净如莲花而不受任何尘染。
他往来进止如同泛舟于湖上，
以利益和安抚众生作为己任。
他断灭了彼我的差别之见，
燃起智慧的火炬照亮了茫茫长夜。
他已具足三明六通之功德，
以菩萨所修万行而观照内心。
如此这般功德无边无量，
所以我一心愿生于那佛国净土。

原典

第九大门中，有两番料简：第一，苦乐善恶相对；第二，明彼此寿命长短比校。

就初段中有二：一、苦乐善恶相对；二、引大经为证。初言苦乐善恶相对者，在此娑婆世界，虽有苦乐二报，恒以乐少苦多。重则三涂痛烧，轻则人天刀兵、疾病，相续连注，远劫已来，无有断时。纵有人天少乐，犹如泡沫电光，速起速灭。是故名为唯苦唯恶。弥陀净国，水鸟树林，常吐法音，明宣道教[①]，具足清白，能令悟入。

二、引圣教为证者，《净土论》云："十方人天，生彼国者，即与净心菩萨无二。"净心菩萨即与上地菩萨，毕竟同得寂灭忍[②]，故更不退转。又引《大经》四十八愿中，有五番大益：第一《大经》云，有十方人天来生我国，不悉真金色者，不取正觉。二云，十方人天来生我国，若形色不同，有好丑者，不取正觉。三云，十方人天来生我国，不得宿命智[③]，下至不知百千亿那由他诸劫事者，不取正觉。四云，十方人天来生我国，不得天耳通[④]，下至不闻百千亿那由他诸佛所说，不悉受持者，不取正觉。五云，十方人天来生我国，不得他心智[⑤]，下至不知百千亿那由他诸佛国中众生心念者，不取正觉。

欲论彼国利益之事，难可具陈，但当愿生，必不可思议。是故彼方唯善唯乐，无苦无恶也。

注释

①**道教**：以佛法之道教化众生。

②**寂灭忍**：已断各种烦恼，并获得高级阶位的修行者，安忍于寂灭状态，进入涅槃寂静之境界，称之为寂灭忍。

③**宿命智**：即明白了知我及众生一生乃至久远劫世宿命及所做之事的智慧。

④**天耳通**：六通之一，指能闻听六道众生的喜忧之声以及世间各种声音的神通。

⑤**他心智**：即六通中的他心通，能知六道众生心中所念之事的神通。

译文

第九大门分两部分论述。第一，苦与乐、善与恶之对比。第二，此土与净土众生寿命长短的比较。

这部分内容分两部分论述：先是论苦乐、善恶的相对，接着引经文为证。先说苦乐、善恶之相对，在我们所住的娑婆世界，虽然有苦、乐两种果报，但常常是乐少苦多。重则堕于地狱、畜生、饿鬼道中遭受各种痛苦，轻则在人、天道中也有刀兵、疾病的折磨。流转相继，久远劫来从无间断。纵然在人、天道中，偶尔也有少许欢乐之时，但也好像泡沫、闪电那样速起速灭。所以说是唯苦唯恶。但在西方弥陀净土中，连水鸟树林，也经常发出宣演佛法的声音，明白地宣讲佛道之理，清静纯净，使众生都能悟入佛道。

下面再引经文为证。《净土论》说：“十方人天生于西方净土者，能与净心菩萨的功德一般无二。”净心菩萨与修得十地果位的菩萨一样，毕竟要修成寂灭忍之位，信心和功德更不会退转。又《无量寿经》所说法藏比丘四十八愿中，有五种大利益：第一是经中说，有十方人、天众生投生到我净土后，如其身体不是真金色，那我决不成就无上正觉。第二说，十方人、天众生往生我净土后，如其相貌不同，有美有丑，那我决不成佛。第三说，十方人、天众生投生我国土后，如不得宿命智，乃至不能了知无数劫中之事的话，我决不成佛。第四说，十方人、天众生投生我国土后，如不得天耳通，乃至不能听闻无数劫中诸佛所说，并且不能全部接受护持的话，我决不成佛。第五说，十方人、天众生来生我国土后，如不得他心智，乃至不知无数佛国中众生心念的话，我决不成佛。

如果说到西方佛国功德利益之事，难以具体地一一陈说，只要发愿往生，必然可得不可思议之际遇。所以西方净土是唯善唯乐，无苦无恶的啊！

原典

第二，明寿命长短者。此方寿命，大期不过百年。百年之内，少出多减，或生年夭丧，乃至童子身亡，或腹胞胎伤堕。何意然者？良由众生作因时杂，是以受报亦不得齐同也。是故《涅槃经》云，作业时黑，果报亦黑；作业时白，果报亦白。净杂亦尔。

又据《净度菩萨经》云，人寿百岁，夜消其半，即是减却五十年也。就五十年内，十五已来未知善恶，八十已去昏耄虚劣，故受老苦。自此之外，唯有十五年在。于中外则王官逼迫，长征远防，或系在牢狱；内则门户吉凶，众事牵缠，茕茕忪忪，常求不足。如斯推计，可有几时得修道业？如此思量，岂不哀哉！何得不厌？

又彼经云，人生世间，凡经一日一夜，有八亿四千万念。一念起恶，受一恶身；十念念恶，得十生恶身；百念念恶，受一百恶身。计一众生，一形之中，百年念恶，恶即遍满三千国土，受其恶身。恶法既尔，善法亦然。一念起善，受一善身；百念念善，受一百善身。计一众生，一形之中，百年念善，三千国土善身亦满。若得十年五年念阿弥陀佛，或至多年，后生无量寿国，即受净土法身，恒沙无尽，不可思议也。今既秽土短促，命报不远，若生阿弥陀净国，寿命长远不可思议，是故《无量寿经》云，佛告舍利弗："彼佛何故号阿弥陀？舍利弗，十方人天，往生彼国者，寿命长远，亿百千劫，与佛同等，故号阿弥陀。"各宜量此利大，皆愿往生也。

又《善王皇帝尊经》云："其有人学道，念欲往生西方阿弥陀佛国者，忆念昼夜一日，若二日，或三日，若四日，若五日，至六日七日，若复于中欲还悔者，闻我说是善王功德，命欲尽时，有八菩萨，皆悉飞来迎取此人，到西方阿弥陀佛国中，终不得止。”自此已下，又引《大经》偈为证。赞云：

其有众生生安乐，悉具三十有二相，
智慧满足入深法，究畅道要无障碍。
随根利钝成就忍，三忍乃至不可说，
宿命五通常自在，至佛不更杂恶趣。
除生他方五浊世，示现同如大牟尼[1]，
生安乐国成大利，是故至心愿生彼。

注释

①**大牟尼：**为佛陀的尊号。牟尼本意为寂默、能仁，以佛陀为无上觉者，已灭三界烦恼，进入涅槃寂静之境界，故称为大牟尼。

译文

二、明寿命之长短。我们世界众生的寿命，长者也大致不过百年。百年之内，或长或短。有出生后即夭亡的，也有童年身亡的，更有在母胎中即不幸堕亡的。怎么会这样呢？这实在是由于众生的造作成因很杂，所以所受的果报也不一样。因此《涅槃经》说，造作的业力如果是黑的，则所受的果报也黑；造作的业力白，则得到的果报也白。纯净和混杂的业力果报也是如此。

又据《净度菩萨经》说，人的寿命百岁，但因黑夜睡眠就已消耗了其中的一半，即是减去了五十年。就在这五十年内，十五岁以前还是小孩子，不懂得善恶，八十岁以后已是老年，精神昏惑体弱身虚，因而备受老苦。自此以外，仅剩下十五年中，外则有官家的逼迫，又要戍边征战，服各种劳役，或被关入牢笼；内则家中门户吉凶，各种杂事牵缠，茕茕孑立，惶恐失措，有欲望而不得满足。照此推算，一生中能有多少时间可以用来修行道业呢？如此想想，岂不感到悲哀！又怎能不产生厌恶之情呢？

经中又说，人生于世间，凡经一日一夜，即有八亿四千万念。一念生起恶心，将受一次恶身之报；十念念恶，则将受十次恶身之报；百念念恶，将受百次恶身之报。算来每一众生于一生之中，百年念恶，其恶将遍满三千国土，所受恶身也将遍满此数。恶法是这样，善法也是这样。一念起善心，则受一善身；百念念善，就将受一百善身之报。算来每一众生一生之中，百年念善，三千国土善身也将遍满。如果有十年五年，或更多年念阿弥陀佛，将来往生无量寿佛国土，即受净土法身，其寿命之长远不可思议。现在既然在此秽土寿命短促，果报随即报应，若求生阿弥陀佛净土，则其寿命长远而不可思议！所以《无量寿经》说，佛告诉弟子舍利弗："那位佛为什么称作阿弥陀佛呢？舍利弗，十方人、天往生于那佛国者，其寿命长远可达亿百千劫，与佛一样，所以称作阿弥陀佛。"每位众生应当思量此大利益，都应发愿往生西方。

又《善王皇帝尊经》说："有人学习佛道，思念欲往生西方阿弥陀佛国土者，昼夜一日，或二日，或三日，或四日，或五日，至六日、七日，忆念西方，如在此过程中还有悔念者，听闻我说此善王之功德，临命终时，将有八位菩萨一齐飞来，接引此人到西方阿弥陀佛国土中，终不得止。"

下面再引《大经》之偈加以证实：

若有众生生于安乐国土者，
都具备三十二种大人相好。
他们智慧圆满具足入于甚深佛法，
研究畅述佛道要义而无任何障碍。
随着根机利钝而安住于佛法之道，
从三种法忍直到无数不可说法门。

经常自在地入于宿命通等五通法，
直到佛地而不再杂于其他恶趣中。
除了生于他方五浊恶世中，
以示现如同大觉世尊之功德。
生于安乐国能成就如此大利益，
所以应当至心发愿生于彼土。

原典

第十大门中，有两番料简：第一，依《大经》引类证诚；第二，释回向义。

第一，依《大经》引类证诚者，十方诸佛，无不劝归西方；十方菩萨，无不同生；十方人天，有意齐归。故知不可思议事也。是故《大经》赞云：

神力无极阿弥陀，十方无量佛所赞。
东方恒沙诸佛国，菩萨无数悉往觐。
亦复供养安乐国，菩萨声闻诸大众。
听受经法宣道化，自余九方亦如是。

第二，释回向义者，但以一切众生既有佛性，人人皆有愿成佛心。然依所修行业，未满一万劫已来，犹未出火界，不免轮回。是故圣者愍斯长苦，劝回向西，为成大益。然回向之功，不越于六，何等为六？一者，将所修诸业回向弥陀，既至彼国，还得六通济运众生，此即不住道也；二、回因向果；三、回下向上；四、回迟向速，此即不住世间也；五、回施众生悲念向善；六、回入去却分别之心。回向之功，只成斯六，是故《大经》云：“其有众生生我国者，自然胜进，超出常伦诸地之行，至成佛道，更无回复之难。”故《大经》赞云：

安乐菩萨声闻辈，于此世界无比方。
释迦无碍大辩才，设诸假令示少分。
最贱乞人并帝王，帝王复比金轮王，
如是展转至六天，次第相类皆如始。
以天色像喻于彼，千万亿倍非其类，
皆是法藏愿力为，稽首顶礼大心力①。

注释

①**大心力**：佛陀之尊称，用以赞佛陀心力之大智大用。

译文

第十大门分两部分评述：第一，依据《大经》引类证诫；第二，解释回向之义。

一、依据《大经》引类证诫。十方诸佛，无不劝引众生归向西方净土。十方菩萨，无不一同生于西方。十方人天都有归向西方之意，所以可知这是令人不可思议之事。故而《大经》赞叹说：

神力无边的阿弥陀佛啊！
十方无数佛都赞叹你。
东方无数诸佛国土中，
不计其数的菩萨来觐见你。
大家都供养安乐净土，
菩萨、声闻弟子以及大众，
都来听受经法，敷衍佛道，
其余九方的众生也是如此。

二、解释回向之义。一切众生既然都有佛性，人人都应具有发愿成佛之心。然而按照所修的行业，如未修满一万劫，则仍然不能出离三界火宅，仍不免处于轮回之中。所以圣者怜愍众生受此长久之苦，劝谕大家回向西方极乐国土，可得大利益。然而回向之功，不超过六种，哪六种呢？一是将所作的各种德业回向弥陀国土。既到其国，还得六种神通用以济度众生，此即是不住于道；二是回因向果；三是回下向上；四是回迟向速，就是不住于世间而往生净土；五是将所修功德回施众生，令他们产生向善之心；六是回向内部以除却分别之心。

回向之功大致有此六种，所以《大经》说："若有众生投生于我国土者，自然胜进，超出寻常各阶位的修行，直到修成佛道，更无回复退转之难。"所以《大经》赞说：

安乐国土菩萨和声闻弟子，
功德利益这世界无法相比。
释迦佛陀以无碍雄辩口才，
设诸比喻略示其功德利益。
从最微贱乞丐到人间帝王，
从人间帝王再比较金轮王，
如是依次辗转至六欲诸天，
次第差别都如乞丐与帝王。
以诸天色像比喻安乐众生，
其间相差又何止千万亿倍，
这都因法藏比丘愿力所为，
故应当稽首顶礼大愿心力。

原典

第十一大门中，略作两番料简：第一，劝一切众生，托善知识作向西意。第二，死后辨生缘胜劣。

第一，劝托善知识者，依《法句经》，与众生作善知识。有宝明菩萨白佛言："世尊，云何名为善知识也？"佛言:“善知识者，能说深法，谓空、无相、无愿、诸法平等、无业无报、无因无果、究竟如如、住于实际。然于毕竟空中，炽然建立一切诸法，是为善知识。善知识者是汝父母，养育汝等菩提身故。善知识者是汝眼目，能见一切善恶道故。善知识者是汝大船，运度汝等出生死海故。善知识者是汝絙绳[①]，能挽拔汝等出生死故也。”

又劝:“虽与众生作善知识，必须归西。”何以故?由住斯火界违顺境[②]多，多有退没，难出故也。是故，舍利弗于此发心，修菩萨行，已经六十劫，逢恶知识乞眼因缘，遂即退转。故知火界修道甚难，故劝归西方。一得往生，三学[③]自然胜进，万行普备。故《大经》云，弥陀净国，无造恶之地如毛发许也。

注释

①**絙绳:** 粗大的绳索。

②**违顺境:** 指不利于佛法修习的环境。

③**三学:** 戒、定、慧三者，实为佛道之至要，一切法门尽摄于此，故当精勤修学。三学若加上解脱与解脱知见，则成所谓的“五分法身”。

译文

第十一大门略作两部分评述：第一，劝谕一切众生依托善知识而起往生西方之意；第二，分辨投生因缘的优劣。

一、劝谕众生依托善知识者。依《法句经》所说，应与众生作善知识。有宝明菩萨对佛陀说：“世尊，什么叫作善知识呢？”佛说：“所谓善知识，是能说深奥的佛法，比如空、无相、无愿、诸法平等、无业无报、无因无果、究竟如如、住于实际等。并能于诸法毕竟空中，建立一切诸法者，才能称为善知识。能称为善知识的（人），是你们的父母，因为他能培养抚育你们的智慧之身。善知识是你们的眼目，因为能使你们看清一切善、恶之道。善知识是你们的大船，因为能渡你们出离生死苦海。善知识是你们粗大的绳索，因为能挽拔你们出离生死轮回。”

佛陀又劝道：“虽与众生作善知识，但必须归向西方净土。”为什么呢？因为住在这生死火界之中，有违佛法修行的境遇很多，容易产生畏缩退转之心，难以出离三界火宅。所以舍利弗于此世界发心修菩萨行，已经历了六十劫，却因遇见恶人，要求他施舍眼睛，遂使他生退转之心。故知在此三界火宅中修道甚难，因而劝归西方净土。一旦得到往生，戒、定、慧三学自然迅速增长，普遍具备六度万行之修行法门。所以《大经》说，弥陀净土中没有一丝一毫造作恶业之地。

原典

第二，次辨众生死后受生胜劣者。此界众生寿尽命终，莫不皆乘善恶二业，恒为司命狱率，妄爱烦恼，相与受生。乃从无数劫来，未能免离。若能生信，归向净土，策意专精，命欲终时，阿弥陀佛与观音圣众，光台迎接，行者欢喜随从，合掌乘台，须臾即到，无不快乐，乃至成佛。

又复一切众生，造业不同，有其三种，谓上、中、下，莫不皆诣阎罗取判，若能信佛因缘，愿生净土，所修行业，并皆回向，命欲终时，佛自来迎，不于死王[①]也。

注释

①**死王**：即指阎罗王，以其统管阴曹，为冥府之王，故称死王。

译文

二、辨别众生死后投生的优劣。此界众生，寿命终了之后，莫不凭借善、恶二种业力，经常受制于司命之狱。因虚妄、爱欲、烦恼等各种业力互相交替而孕此生身。从无数久远之劫以来，未能幸免脱离这种流转。如能产生信、愿归向西方净土，策励自己意愿专心致志，到生命即将结束时，有阿弥陀佛与观音等圣众，捧着放光莲台前来迎接。修行者心生欢喜，跟随诸圣，双手合掌，乘其莲台，须臾即到西方净土，满心快乐，直至修行成佛。

又，一切众生所造业力不同，共可分为三种，即上、中、下。将来无不到阎罗王前接受判决。若能信仰佛法，发愿往生净土，所修各种行为善业，全部回向西方，临命终时，佛陀自来接引往生，而不用到阎罗殿前接受审判了。

原典

第十二大门中有一番，就《十往生经》为证，劝往生也。如佛说生阿弥陀佛国，为诸大众说观身、正念、解脱。《十往生经》云，阿难白佛言："世尊，一切众生观身之法，其事云何？唯愿说之。"

佛告阿难："夫观身之法者，不观东西，不观南北，不观四维上下，不观虚空，不观外缘，不观内缘，不观身色，不观色声，不观色像，唯观无缘，是为正真观身之法。除是观身，十方谛求，在在处处，更无别法而得解脱。”

佛复告阿难：“但自观身，善力自然，正念自然，解脱自然。何以故？譬如有人，精进直心，得正解脱，如是之人，不求解脱，解脱自至。”

阿难复白佛言：“世尊，世间众生，若有如是正念解脱，应无一切地狱、饿鬼、畜生三恶道也。”

佛告阿难：“世间众生，不得解脱。何以故？一切众生皆由多虚少实，无一正念，以是因缘，地狱者多，解脱者少。譬如有人，于自父母，及以师僧，外现孝顺，内怀不孝，外现精进，内怀不实，如是恶人，报虽未至，三涂不远。无有正念，不得解脱。”

阿难复白佛言：“若如是者，更修何善根，得正解脱？”

佛告阿难：“汝今善听，吾今为汝说。有十往生法，可得解脱。云何为十？一者观身正念，常怀欢喜，以饮食衣服，施佛及僧，往生阿弥陀佛国。二者正念，以甘妙良药，施一病比丘及一切众生，往生阿弥陀佛国。三者正念，不害一生命，慈悲于一切，往生阿弥陀佛国。四者正念，从师所受戒，净慧修梵行，心常怀欢喜，往生阿弥陀佛国。五者正念，孝顺于父母，敬奉于师长，不起憍慢心，往生阿弥陀佛国。六者正念，往诣于僧房，恭敬于塔寺，闻法解一义，往生阿弥陀佛国。七者正念，一日一夜中，受持八戒斋[①]不破一，往生阿弥陀佛国。八者正念，若能斋月斋日中，远离于房舍，常诣于善师，往生阿弥陀佛国。九者正念，常能持净戒，勤修于禅定，护法不恶口[②]，若能如是行，往生阿弥陀佛国。十者正念，若于无上道，不起诽谤心，精进持净戒，复教无智者，流布是经法，教化无量众生，如是诸人等，悉皆得往生。"

尔时，会中有一菩萨，名山海慧，白佛言："世尊，彼阿弥陀国，有何妙乐胜事，一切众生，皆愿往生彼？"佛告山海慧菩萨："汝今应当起立合掌，正身向西，正念观阿弥陀佛国，愿见阿弥陀佛。"尔时，一切大众，亦皆起立合掌，共观阿弥陀佛。尔时，阿弥陀佛现大神通，放大光明，照山海慧菩萨身。尔时，山海慧菩萨等，即见阿弥陀佛国土，所有庄严妙好之事，皆悉七宝。七宝山，七宝国土。水鸟树林，常吐法音。彼国日日常转法轮[③]，彼国人民不习外事[④]，正习内事，口说方等[⑤]语，耳听方等声，心解方等义。

尔时，山海慧菩萨白佛言："世尊，我等今者，睹见彼国胜妙利益，不可思议。我今愿一切众生，悉皆往生，然后我等亦愿生彼国。"佛记之曰："正观正念，得正解脱，皆悉生彼。若有善男子、善女人，正信是经，爱乐是经，劝导众生，说者听者，悉皆往生阿弥陀佛国。若有如是等人，我从今日，常使二十五菩萨护持是人，常令是人无病无恼，若人若非人不得其便，行住坐卧，无问昼夜，常得安稳。”

山海慧菩萨白佛言：“世尊，我今顶受尊教，不敢有疑。然世有众生，多有诽谤，不信是经，如是之人，于后云何？”佛告山海慧菩萨：“于后阎浮提，或有比丘、比丘尼，见有读诵是经者，或相嗔恚，心怀诽谤，由是谤正法故，是人现身之中，来致诸恶重病，身根不具，聋盲喑痖，水肿鬼魅，坐卧不安，求生不得，求死不得，或乃致死，堕于地狱，八万劫中，受大苦恼，百千万世，未曾闻水食之名。久后得出，在牛马猪羊，为人所杀，受大极苦。后得为人，常生下处，百千万世，不得自在，永不闻三宝名字。”是故无智、无信人中，莫说是经也。

撰集流通德，
普施于一切，
先发菩提心，
同归向净国，
皆共成佛道。

注释

①**八戒斋：**即八戒、八斋戒，在家居士所奉持的戒条。具体为：不杀生、不偷盗、不淫欲、不妄语、不饮酒、不睡坐高广华丽之床、不以华鬘装饰及观听歌舞、不非时食。此八条中，前七为戒，后一为斋，合称八戒斋。

②**恶口：**粗俗的谩骂之言。

③**常转法轮：**轮本为古印度一种兵器，以佛法能摧毁邪魔外道，如同以兵器击败敌方，故称之为法轮。转法轮，即演说和传播佛法。相传释迦佛成道之初，即在鹿野苑为五比丘演说四谛之理，佛教史上称为“初转法轮”。

④**外事：**佛教以外之事，称为外事，与内事相对。佛家以内、外区别世俗与佛教之事物，如外典、外道等。

⑤**方等：**方广平等，泛指一切大乘佛教经典教义等。

译文

第十二大门中，即以《十往生经》为证，奉劝众生往生西方净土。如佛在说往生阿弥陀佛国土时，为诸大众说观身、正念、解脱。《十往生经》中，阿难对佛说：“世尊，一切众生观身之法，这件事该如何？唯愿佛陀为我们大家解说。”

佛告诉阿难说：“所谓观身之法，即不观东西，不观南北，不观四维上下，不观虚空，不观外部因缘，不观内部因缘，不观身色，不观色声，不观色像，唯观无缘，这才是正确真实的观身之法。除了这种观身法外，想在十方处处另外寻求，则无其他方法可得到解脱。”

佛又告诉阿难：“只要自观其身，善力自然产生，正念自然萌发，解脱自然获得。为什么呢？譬如有人，以精进、正直之心而得真正的解脱，这样的人不必去刻意追求解脱而解脱自然会获得。”

阿难又对佛说：“世尊，世间众生如有这样正确理解解脱的，那就不会堕入地狱、饿鬼、畜生三种恶道中了。”

佛告诉阿难说：“世间众生没有得到解脱，这是为什么呢？一切众生都是虚妄之念过多，缺少真实观法，更没有正确、真实之念。由于这种缘故，堕地狱者多而获解脱者少。譬如有人对于自己父母以及师长、僧伽，外现孝顺之情而内怀不孝之心，外现精进之貌而内怀不实之心。这样的恶人，报应虽还未到，但离地狱、饿鬼、畜生三途已经不远了。没有正念就不能得到解脱。”

阿难又对佛说：“如果这样，那么应修行什么善根，才能获得真正的解脱呢？”

佛告诉阿难：“你现在仔细听着，我为你解说。有十往生法，可以得到解脱。哪十种呢？一是观身正念，常以欢喜之心，将饮食、衣服等施与佛陀和僧人，可往生阿弥陀佛的国土。二是正确地思念，以甘甜奇妙的良药，施与生病的比丘以及一切众生，得以往生阿弥陀佛国。三是正确思念，不残害每一个生命，以慈悲之心对待一切众生，得往生阿弥陀佛国。四是正确思念，从师长受持戒律，修习清净、智慧之行，心常怀欢喜之情，便得往生阿弥陀佛国。五是正确思念，孝顺父母，敬奉师长，不起骄横傲慢之心，可往生阿弥陀佛国。六是正确思念，前往僧人居住之处，恭敬佛塔、寺院，听闻佛法，解得义理，可往生阿弥陀佛国。七是以正确的意念，于一日一夜中，受持八关斋戒而不破任何一戒，得往生阿弥陀佛国。八是以正确之念，若能在斋月斋日中，远离所居的房舍，常到良师之处，便得往生阿弥陀佛国。九是正确思念，常能守持清净戒律，勤于修习禅定，守护佛法，口不出恶言，如能这样，便得往生阿弥陀佛之国。十是正确思念，对无上佛道不起诽谤心，精进修行，守持清净戒律，并教化缺乏智慧者，广泛传布经典、佛法，教化无数众生。这样的人，都能得到往生。”

这时会中有一菩萨，名叫山海慧，对佛说：“世尊，那个阿弥陀佛国土，有什么奇妙快乐、特别美好之事，使一切众生都愿往生去西方呢？”佛告诉山海慧菩萨：“你现在应当起立，双手合掌，面正对西方，正念观阿弥陀佛国，愿见阿弥陀佛。”这时一切大众都起立合掌，一起谛观阿弥陀佛。于是阿弥陀佛显示大神通力，放出大光明，照于山海慧菩萨之身。这时山海慧菩萨等，即刻见到阿弥陀佛国土所有庄严美妙之事，都是七种宝物组成。有七宝山、七宝国土，就连水鸟树林，也都常演说着佛法。国中每天都宣讲微妙的佛法。生于其国之众生从不行世俗之事，勤于修习佛法。口中说的是佛法广大平等之语，耳中听的是广大平等之声，心中理解的是广大平等的佛法义理。

这时山海慧菩萨对佛说：“世尊，我等今天看见西方国土殊胜奇妙之利益，令人不可思议。我今愿一切众生都得往生西方，然后我们亦愿生于西方国土。”佛对他说：“正确谛观思念，得真正的解脱，都可生于西方国土。如有善男子、善女人，真正地信奉此经，爱悦欢喜此经，并以此劝导众生，那么说的和听的人，都可往生阿弥陀佛国土。如有这样的人，我从今天起每天常令二十五位菩萨护持此人，常使此人无病无恼。如人或其他众生有不便之处，于行住坐卧间，不管白天黑夜，我都使他们常得安稳。”

山海慧菩萨对佛说：“世尊，我今顶礼纳受世尊的教导，不敢有丝毫怀疑之心。然而世间众生，多有诽谤，不相信此经典，这样的人，今后会怎样呢？”佛告诉山海慧菩萨：“今后在阎浮提内，或有比丘、比丘尼，见有读诵此经者，或产生嗔恚之念，心怀诽谤之意，由这种诽谤正法的缘故，此人于现世中，必致各种恶病缠身，或身上各种器官不健全，聋盲喑痖、水肿鬼魅，使他坐卧不安，求生不得，求死不能。或直到死后，堕于地狱，于八万劫中受极大的苦恼，百千万世中都听不到饮水和食物之名。受过地狱的罪之后，还要投生于牛、马、猪、羊之胎，为人所宰杀，受极大的痛苦。然后投生为人，又常生于低下卑贱之处，百千万世不能自由自在，永远听不到三宝之名。”所以在无智、无信的人中，不要宣说此部经典。

撰集和流通之德，
普施于一切众生，
先发无上菩提心，
同归向西方净国，
共修成佛法正道。

源流

《安乐集》一书旨在弘扬以称名念佛为主要修行方法，以往生西方极乐净土为主要修行目标的净土教义。

净土信仰产生于古代印度。在古印度，关于人生是苦的观念非常流行，由此产生摆脱现实痛苦的希望，追求幸福生活的理想，成了广大民众的愿望。公元前五世纪左右佛教兴起后，这种愿望被反映到佛教教义中，成为净土思想发展的渊源。

在大乘佛教的一些经典中，都曾讲到诸佛净土。例如《大般若经·愿行品》中讲有菩萨摩诃萨修行布施波罗蜜多……作是愿言：我当精勤无所顾恋，修行布施波罗蜜多，成熟有情，严净佛土。《华严经·入法界品》中讲修念佛三昧悉能睹见一切诸佛及其眷属，严净佛刹。《法华经·药王菩萨品》则说，若有人听闻此经，并按经中所说的方法修行，那么此人“于此命终，即往安乐世界，阿弥陀佛、大菩萨众围绕住处”（编按：见大正九·页五十四下）。大乘佛教讲十方世界有无数佛，因此诸佛净土也有无数。在种种净土信仰中，较为流行的有弥勒菩萨的兜率净土、东方药师佛的琉璃净土、阿閦佛的妙喜净土以及阿弥陀佛的西方极乐净土。

其中尤以阿弥陀佛的西方净土信仰发展最快。大乘佛典中的《无量寿经》《观无量寿经》及《阿弥陀经》就是系统地叙述西方净土及阿弥陀佛功德的三部经。它们后来成了中国佛教净土宗所宗奉的三部经典，一般统称为“净土三经”。

随着佛教的传入，净土信仰也开始在我国传播、流传。中国佛教的净土信仰主要有两支，一是阿弥陀佛的西方净土，一是弥勒的兜率净土。东晋时著名的僧人释道安曾修弥勒净土，以往生弥勒的兜率天宫作为自己修行的归趣。南北朝时各地修建的许多石窟造像中，以弥勒为主尊的有很多。唐代著名的高僧玄奘大师亦修弥勒净土，临终之际，念念不忘往生兜率天宫。此乃说明弥勒净土到了唐代仍有一定的影响。

阿弥陀佛的西方净土信仰，东汉时就已传入汉地。一些弘扬净土思想的佛教经典先后被翻译过来。最早译出论述西方净土的佛教经典，即是东汉时支谶译的《般舟三昧经》。经中说到，阿弥陀佛现时正在西方极乐世界说法，修行者若能集中精神忆念阿弥陀佛，修习般舟三昧，必能在定中见到阿弥陀佛等等。在《阿弥陀经》《无量寿经》广泛流传之前，这种以定中见佛为主要修行方法的念佛三昧是净土思想的主要内容。

两晋南北朝以来，专门论述西方净土信仰的《无量寿经》《阿弥陀经》《观无量寿经》已经被翻译介绍过来，社会上也开始出现了一些净土修行实践者。如《法苑珠林》卷四十二中记，西晋时有阙公则与弟子卫士度信奉净土，往生西方极乐国土之事。又东晋时庐山慧远法师率道、俗诸人结社念佛，并在般若台阿弥陀佛像前立誓，希望来世往生西方极乐净土。北魏时昙鸾法师曾长期在石壁玄中寺活动，宣扬净土教义。他注释世亲的《无量寿经优波提舍愿生偈》，按照龙树菩萨《十住毗婆沙论》中难易二道说加以发挥，主张他力本愿，开始阐明净土教义的特色。

南北朝以后，随着净土信仰的流传和发展，对净土经典的研究也日益发展。如当时的净影寺慧远、灵祐、吉藏、法常等都曾注过《无量寿经》和《观无量寿经》。智顗、道基、智俨等亦各著书讨论佛身、佛土诸问题。佛教其他学派如地论师、摄论师等也都对净土信仰诸问题，如净土的所属，往生的等级、可能性以及往生之因，净土修行方法等展开了论辩，促进了净土思想的发展及净土信仰的流传。但他们之中大多数是以阐发本门教义为主，以净土修行为辅，有的还认为净土宗所说的称名念佛是堕于“有相之见”。在这种情况下，立志以弘扬净土法门为己任的道绰就要力排众议，大力宣扬净土念佛法门的优越性，以扩大净土思想在佛教信徒中的影响，于是就产生了《安乐集》一书。

道绰之后，另有善导、慧日、承远、法照等人亦相继弘扬净土法门。唐代其他宗派的大师也都纷纷著述，论叙净土教义，于是净土一宗大盛。

宋元以来，经永明延寿、莲池袾宏、蕅益智旭诸师的大力提倡，台、贤、禅、净诸家逐步融合，西方净土成为佛教各宗修行的共同归宿，净土宗也成了各派共奉的“共宗”。

南宋以后，结社念佛之风盛行于江浙一带。先是钱塘人省常，因慕庐山东林结社念佛之遗风，在杭州西湖昭庆寺聚众结社，集会念佛，专修净业。一时宰衡名卿、拜伯牧长闻风而悦，海内播名。于是结社念佛之风益发而不可收拾。如四明遵式在宝云寺集缁素念佛，华亭超果寺灵照，于元丰以后立净业社，每年春以七日为期念佛，与会者常达二万多人。这种念佛社开始多由僧人主持，聚会地点也多在寺院。后来念佛结社之风日盛，许多在家居士也出面组织结社，并充当结社念佛的主持者，念佛场所也渐渐由寺院发展到一般民宅，于是慢慢形成了一种以在家清信士为主的宗教团体，这种团体的形成，促进了明清以来居士佛教的发展。

宋代以来出现了许多由在家居士撰写的专门弘扬净土教义的书籍，如《龙舒净土文》（宋·王日休作）、《西方合论》（明·袁宏道著）、《净土圣贤录》（清·彭希涑著）等，在社会上流行极广。清末民初，又有杨文会居士创“金陵刻经处”，专门从事佛经的刊印和流通事务。他大力刻印和流通包括道绰法师的《安乐集》在内的净土经典，又请人画了极乐净土的图像刻印流通，以扩大净土信仰之影响。他自己则称是“教宗贤首，行在弥陀”，表明了他对净土法门之重视。近代的印光法师，更是一生专以弘扬净土为务，其所作的《印光法师文钞》《嘉言录》《菁华录》等，风行一时，所化道、俗众生数万人之多，成为近代中兴净土宗的一位大师。

佛教传入中国，已近二千年历史。在这一漫长的历史发展过程中，净土信仰一直占有十分重要的地位，而道绰《安乐集》一书对于净土信仰传扬流布，曾经起过十分重要的作用。如果说研究中国佛教不能不了解净土信仰，那么，要了解净土信仰，则不能不研究道绰的《安乐集》一书。

解说

《安乐集》一书旨在弘扬净土法门。道绰在书中广引各种经论，对各种有碍净土教义发展的思想、观点条分缕析，从教义、理论上为净土宗的形成和发展做了准备。唐代以后，净土宗飞速发展，在社会上广为流行，与道绰法师的活动有密切关系。

就教义说，《安乐集》继承和发展了昙鸾法师的净土思想，从时教相应说、圣道净土两门说以及凡圣同往的报身净土论等方面，发挥和论述净土信仰。

时教相应说是本书净土思想的重要出发点。书中指出，教法合乎时机，修习者就易修易悟，反之则难解难入。现时众生，因离佛世久远，所以修习佛道当以修福、忏悔、灭罪为主。修福、忏罪最有效的方法就是称名念佛。书中说："若去圣近，即前者修定修慧是真正学，后者是兼；若去圣已远，则后者称名是正，前者是兼。”时教相应说源于末法思想。据《大集月藏经》等大乘佛教经典说，佛灭度后，佛法流行要经历若干时期，与此相应，各时期的修行方法也各不相同。佛灭后第一个五百年内，佛弟子必须修般若智慧，才能证悟得果。第二个五百年则必须修习禅定。第三个五百年要经常诵读经典，听闻佛法。第四个五百年必须修建寺院佛塔，修福忏悔，多做功德。到第五个五百年则佛法隐没，邪见肆行，难修难入了。隋初，末法思想流行，因此被认为时教相应的净土念佛法门，容易在社会上得到流行。

以末法思想和时教相应说为依据，《安乐集》又大力宣扬圣道门和净土门之说。书中认为，以自己的力量修习，以期断惑证理，从而得入圣果的修行方法，是圣道门。而依阿弥陀佛的本愿力，通过称名念佛的修行方法而往生净土，这是净土门。当此末法时期，众生根机浅浮，人欲横流，因而一切众生都应归于净土法门，依靠阿弥陀佛的愿力往生西方净土，得不退转位，然后进一步修行证果。

分别圣道、净土两门的思想来源于龙树的难行、易行二道说。龙树在《十住毗婆沙论》中说，修习佛道，有难行、易行二种途径。在五浊恶世，无佛之时，因外道肆行，扰乱佛法的传播；小乘声闻众又各修自利之法，有碍菩萨的大悲行愿，因此全靠自力修行较为困难，故为难行之道。若以信佛因缘，求愿往生净土，乘佛愿力往生净土，依佛力住持而得不退转，较为易行，故称为易行道。龙树说前者如陆上行路，后者如水中行舟。

北魏的昙鸾法师在《往生论注》中，沿袭和发展了这一思想。龙树说的难、易两道修行，均指此土，昙鸾则强调此土与彼土（净土）之区别，以往生净土作为修得不退转的必要条件，从而突出了净土往生的重要性。此外，龙树所说的念佛名号，乃是广称十方诸佛、菩萨名号，昙鸾则强调阿弥陀佛的本誓愿力，说必须归于阿弥陀佛，从而加强了西方净土在净土信仰中的地位。

道绰依据这些思想，在《安乐集》中又对难行、易行道做了详细的解说和多方面的比较，并提出了圣道、净土两门义，以劝谕众生归向净土法门，因而是继承和发展了龙树、昙鸾的思想体系。

凡圣同往的报身净土说，是《安乐集》为破除当时佛教其他各派对净土教义所持的异见而阐述的论点。关于佛身和佛土问题，一直受到许多佛教学者的注意。东晋时的庐山慧远法师曾就修习般舟三昧时，于定中所见的佛，究竟是法身还是报身等问题，和长安的鸠摩罗什法师有过讨论。南朝的竺道生曾提出过“法身无色，佛无净土”的观点。他认为佛的法身就是般若实相的体现，众生都有佛性，只要众生的佛性与般若实相契合，众生即佛。因此佛以众生为净土，此外别无净土。他认为各种净土之说，只是佛为便于教化众生起见而设的方便教说。南北朝以后，关于佛身和净土的讨论更为热烈。诸家论师纷纷提出各自的看法，归纳起来，大致有这几种：

一、以诸佛净土为“事净粗国”，是凡夫往生之处。持这种看法的有净影慧远、天台智颤、三论吉藏诸师。

二、以诸佛净土为报土，是佛、菩萨所修功德之果报，因而凡夫众生不得往生。大多数摄论师均持此看法。

三、认为诸佛净土有报、化两种，及初地以上的菩萨生于报土，凡夫及二乘行者则生于化土。

这种种看法，有一个基本的共同点：就是都不承认凡夫能往生于报土。因而会阻碍净土教的流行和发展。为此，道绰在《安乐集》中提出了凡圣同往的报身净土说。道绰依据《大乘同性经》中“净土中成佛悉是报身，秽土中成佛者悉是化身”的说法，提出化身是为了教化秽浊世中众生而显化的佛身，报身则是住于清净佛刹的佛身。西方净土是法藏比丘愿行圆满而成就的佛土，阿弥陀佛是法藏比丘觉行圆满而成就的佛，所以阿弥陀佛是报身佛，而西方极乐国土当为报土。

接着，书中进一步提出了“弥陀净土，位该上下，凡圣通往”的说法。认为由于阿弥陀佛的愿力广大，所以西方净土“致令凡夫之善，并得往生”。当时的摄论师们认为，《观无量寿经》中关于临终十念就得往生的说法，是世尊为了劝解众生努力精进，而就将来的往生之因而说的，即十念称佛，只是种下了将来能够往生净土之因。至于真要成就往生之果，则必需历经累世修行，积累了一定功德之后方能实现。因而否定了凡夫往生净土的可能性。道绰在《安乐集》中提出的西方净土位该上下、凡圣通往的观点，正是针对这种看法的。道绰认为临终十念，即得往生之说，是世尊为接引当来造恶之徒，令他们临终之际舍恶归善，乘念往生。往生之因是在过去世种下的，世尊说法则是隐去了宿世之因，是“隐始显终，没因谈果”之说，故而即令一生造恶之凡夫，只要临终称念西方，必得往生。

《安乐集》以极乐净土为报土，确立了西方净土信仰在大乘教义中的地位。又以西方净土位该上下、凡圣通往，使凡夫往生西方有了依据，从而为净土宗的形成扫除了理论上的障碍，使一般民众都有往生净土的希望，大大扩展了净土信仰的群众基础，因而也大大地扩大了净土教义的社会影响。

在中国佛教各宗中，道绰、善导一系的净土宗教义以通俗浅显、他力易行为显著特点，在民众中影响最为广泛。“家家观世音，户户阿弥陀”成了明清以来，中国佛教流传的真实写照。当前，随着科学技术的日益进步，物质文明的发展程度迅速提高，但是佛教思想在民众中仍然有着深刻的影响。净土教义对中国伦理思想及道德观念的形成和发展，至今仍有着十分重要的潜移默化的作用。在广大农村，净土教义中一些劝人为善、修功德以求来生的思想，至今还是积淀在部分民众的心灵深处，某种程度上对这些人的思想、言行还起着重要作用。

另外，《安乐集》中的有些说法，今天对人们仍有一定的启迪作用。特别是书中提出的“时教相应说”，在科学技术日益进步、物质文明迅速发展的今天，什么样的“教义内容”才能适应今天的“时机因缘”；在历史发展过程中，逐步形成的佛教教义、仪式、组织形式等，怎样才能适应现代社会的发展，实际上就是在新的时代和形势之中，“教”和“时”如何才能相应的问题，今天仍然具有一定的意义。此外，《安乐集》中提出的往生西方净土的条件及应当修习的内容等，对生活于现代社会中的人们的心理和道德修养，仍然有着一定的参考价值。

出版后记

星云大师说:“我童年出家的栖霞寺里面，有一座庄严的藏经楼，楼上收藏佛经，楼下是法堂，平常如同圣地一般，戒备森严，不准亲近一步。后来好不容易有机缘进到藏经楼，见到那些经书，大都是木刻本，既没有分段也没有标点，有如天书，当然我是看不懂的。”大师忧心《大藏经》卷帙浩繁，又藏于深山宝刹，平常百姓只能望藏兴叹；藏海无边，文辞古朴，亦让人望文却步。在大师倡导主持下，集合两岸近百位学者，经五年之努力，终于编修了这部多层次、多角度、全面反映佛教文化的白话精华大藏经——《中国佛教经典宝藏》，将佛教深睿的奥义妙法通俗地再现今世，为现代人提供学佛求法的方便途径。

完整地引进《中国佛教经典宝藏》是我们的夙愿，

三年来，我们组织了简体字版的编审委员会，编订了详细精当的《编辑手册》，吸收了近二十年来佛学研究的新成果，对整套丛书重新编审编校。需要说明的是此次出版将丛书名更改为《中国佛学经典宝藏》。

佛曰：一旦起心动念，也就有了因果。三年的不懈努力，终于功德圆满。一百三十二册，精校精勘，美轮美奂。翰墨书香，融入经藏智慧；典雅庄严，裹沁着玄妙法门。我们相信，大师与经藏的智慧一定能普应于世，济助众生。

东方出版社

图书在版编目（CIP）数据

安乐集 / 业露华 释译．—北京：东方出版社，2015.9
（中国佛学经典宝藏）
ISBN 978 - 7 - 5060 - 8568 - 7

Ⅰ．①安… Ⅱ．①业… Ⅲ．①净土宗—佛经②《安乐集》—注释③《安乐集》—译文 Ⅳ．① B946.8

中国版本图书馆 CIP 数据核字（2015）第 267740 号

安乐集
（ANLEJI）

释 译 者：业露华
责任编辑：查长莲 杨 灿
出　　版：东方出版社
发　　行：人民东方出版传媒有限公司
地　　址：北京市西城区北三环中路 6 号
邮政编码：100120
印　　刷：北京市大兴县新魏印刷厂
版　　次：2017 年 1 月第 1 版
印　　次：2020 年 12 月第 2 次印刷
开　　本：880 毫米 ×1230 毫米 1/32
印　　张：8.75
字　　数：123 千字
书　　号：ISBN 978 - 7 - 5060 - 8568 - 7
定　　价：39.00 元
发行电话：（010）85924663 85924644 85924641